動きでよみとく

赤ちゃんのしぐさBOOK

小西行郎
小西　薫

赤ちゃんとママ社

は・じ・め・に

私たちは、小児科医小児神経科医として、多くの子どもたちと出会いました。「どこかに異常があるのではないか」と、緊張しながら子どもを「診」ていた駆け出しのころ。経験を重ねるなかで、子どもを「見」るという姿勢に変わってきました。それは私たち二人に共通した想いです。

いまでは「おっ、おもしろいことをしているな。なんでだろう」という子どものもつ不思議さに気づき、子どもがますます好きになりました。そんな私たちの想いをお母さん方に伝えたいと思いたち、この本をまとめました。

この本から読みとっていただきたいのは、成長とともに変化してゆく赤ちゃんのしぐさの不思議さとおもしろさです。一つひとつの赤ちゃんのしぐさをどう解釈するか、二人で話し合いながら進めました。独断と偏見といわれるかもしれません。ただ楽しさだけでも共感していただければ

不思議？おもしろい！赤ちゃんのしぐさ。

理由を考えるより、素直に楽しんでほしい。

と思います。

赤ちゃんのしぐさは、誕生から12カ月までを月齢に応じて並べてみました。でも、発達には個人差があります。みんな同じ順番で同じ行動をするとは限りません。それにおとなが見落とす場合もたくさんあります。順番が違っているなどと心配しないでください。また、間違っても「これをしないから異常かもしれない」などと心配してほしくないのです。

この本は、赤ちゃんがちょっと不思議なしぐさをしていることに気づいた時、あるいはなぜこういうしぐさをするのだろうと、興味を感じた時に開いてみてください。わかりやすいイラストと楽しい漫画、それに短い文でまとめています。身近に置いて、ちょっとした時間に楽しんでいただければ幸いです。

小西　薫

もくじ

もくじ

もくじ

ねんねのころ

1▼6カ月

生まれたばかりの赤ちゃんはよく眠ります。
すやすや眠って、すくすく育つ。
まだ、おすわりも、たっちもしないけれど、
あくびをしたり、手足をモゾモゾと動かしたり……
じっくり見てみると、いろいろなしぐさを見せてくれます。
赤ちゃんて、おもしろい！

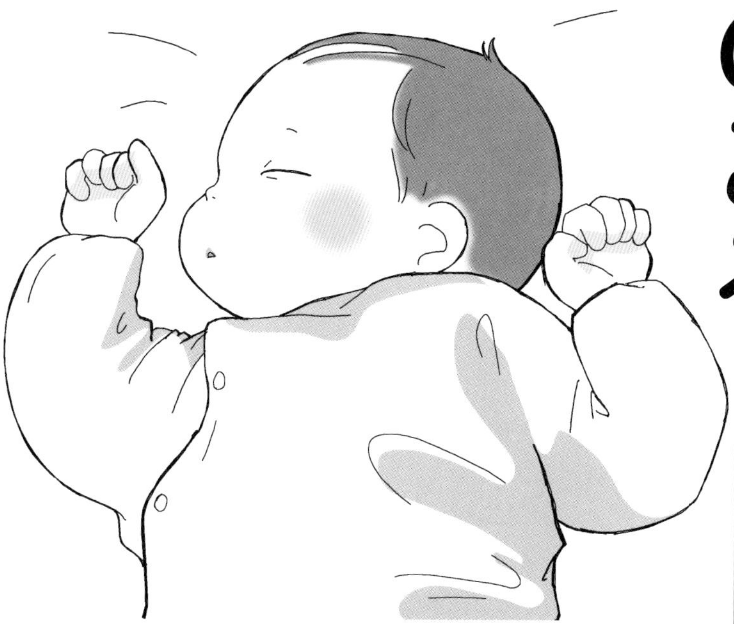

眠りながらほほえむ

【ハートはつかんだ！】

生まれたばかりの赤ちゃんが、安らかな寝息をたてています。その寝顔を見ているだけで、こちらも安らかな気分になれます。お世話にヘトヘトだったり、ピリピリしていた気持ちがやわらぎます。あっ、いま、赤ちゃんがほほえんでくれました。まるでこちらの気持ちがやわらいだのを察したみたい……。

この赤ちゃんの笑顔が**「天使のほほえみ」**といわれるものです。

実は「天使のほほえみ」は、感情を伴った笑みではなく、左右の口角をすっと引き上げただけの、**生理的微笑**にしかすぎません。チンパンジーの赤ちゃんも「天使のほほえみ」を浮かべることが最近の研究でわかっています。

「天使のほほえみ」とは、赤ちゃんが本来もっている力だといわれています。**「天使のほほえみ」に出会った人に、「私を大切に育ててね」「かわいがってね」と思わせてしまう**のです。赤ちゃんは、なかなかの巧者なのかな？

だまされるほうもハッピーになれるなんて、すてきなテクニックだと思いませんか？

「天使のほほえみ」……
それは、赤ちゃんに秘められた力

あくびやしゃっくりをする

【眠いだけだよ】

ヒック
ヒック
え？しゃっくりのしすぎじゃないか？
しゃっくりぐらいしますよお母さん
あの…あくびもしすぎな気がするんです
あのネ…
1日何回までならOKですか？

小さな口をＯの字に開けて、赤ちゃんがあくびをしています。あらっ、「ヒクッ」としゃっくりもしていますね。

実は、赤ちゃんはお母さんの胎内にいた時から、すでにこのあくびやしゃっくりをしていました。**胎内で 10 週から 15 週ぐらい**すごすと、あくびやしゃっくりをして**横隔膜を鍛え、呼吸の練習**をはじめているのです。ちょっと驚きですね。

なにしろ、胎内から生まれ出た赤ちゃんは、すぐに自分の肺で呼吸をしなければなりません。赤ちゃんにとってこの練習は、とても大切なのです。

胎内で繰り返していたこの**練習は、生後１カ月たってもまだ続いています**。「しゃっくり、苦しくないかな」と心配になるかもしれませんが、大丈夫。時期がくれば**自然とおさまります**。

そして２カ月を過ぎれば、私たちおとなと同じように、眠くなるとあくびをするようになるのです。

ママのおなかの中にいた時からしていた呼吸の練習

舌を出したり唇をとがらせるとまねをする

【初あきれ】

え？赤ちゃんって顔のマネをするの？
ホントか～？やってみるぞ!!
ホレ
できるか
どうだ
なんだよ、ちっともやらないじゃん!!
あきれてボーゼンとしてるんじゃないの？

目が覚めて、気分がよさそうな赤ちゃん。お母さんが抱っこして顔を近づけ、唇をとがらせたりしてあやします。赤ちゃんはお母さんの顔をジーッと見つめています。するとお母さんと同じように、唇をとがらせました。

生まれて間もない赤ちゃんでもまねができるのです。すごいですね。**まねをする能力**というのは、赤ちゃんがこれから言葉や行動を学習していくうえで、なくてはならないもの。**生まれて間もない赤ちゃんでも、その芽をちゃんともっている**のです。

でも、この時期の赤ちゃんは意識的にまねをしているわけではなく、「思わずつられて……」といったところ。いつもまねするとは限りません。もし、お母さんの**まねをしてくれたら**、相当に**ラッキー**なのです。

やがてお母さんと気持ちのやりとりができるようになると、まねっこ遊びができるようになります。その日が楽しみですね。

つられてまねしちゃう……これが学習の芽

手の甲で お母さんの 胸をさする

【裏をかえせば】

赤ちゃんはかわいいこの手の甲で
ママの存在を確認したりしますが
フワフワ〜
手のひらで触られるとこういうことになります
ガッ

お母さんに抱っこされた赤ちゃんが、手の甲でお母さんの胸をさすっている……これは、**発達行動学の研究で発見**されたしぐさです。

お母さんが赤ちゃんを抱っこしたところを長時間ビデオ撮影し、それを細かく観察した結果わかりました。どうやら赤ちゃんは、「この人が私を抱っこしてくれているのね」と**お母さんの存在を確認**しているように思われます。

なぜ手のひらではなく、手の甲を使うのでしょう？　次の頁でも説明しますが、この時期の赤ちゃんには手のひらを刺激すると、すぐに握ってしまう「把握反射」があるために、手のひらで触ることができないのです。手の甲なら反射にじゃまされることなく触ることができるというわけです。

抱っこした赤ちゃんのこの**かすかな動き**を、もしお母さんが**感じとれたなら**、「はいはい、お母さんはここにいますよ」と、つい**応えたくなる**にちがいありません。

ちっちゃな手で
お母さんを確かめている

手のひらに指を置くと握る

【ウデに覚えあり！】

赤ちゃんの握力ってけっこう強い
ぎゅ〜っ
ヒトがサルだったころの
生きるためママにしがみついた記憶
そんなことをちゃんと覚えてるって
スゴイなぁと思う
つかんでないと

赤ちゃんの小さな手のひらに、そっと人さし指を置いてみたら、赤ちゃんが指を握り返してきました。かわいいですね。

これは赤ちゃんが生まれながらにもっている**「把握反射」**のせいなのです。

赤ちゃんが糸くずを握りしめているので、指を開いてとり除こうとすると、ますます固く握ってしまった……という経験はありませんか。これも赤ちゃんが欲しくて離さないのではなく、把握反射のなせるわざ。

そんなときには、**手の甲をそっとさすって**みてください。もしかしたら指の握りがゆるんで、**開くかもしれません**。１回ですぐにうまくいかないかもしれませんが、何回か繰り返していると、だんだんと開きやすくなることがあります。

この**把握反射は、足にもあります**。足の裏をちょっと触ると、足の裏でなにかをつかもうとするかのように指を曲げるのです。「人類は昔サルだった」という進化論を実感する現象です。

反射運動のなせるわざ！
手の甲をさすれば開くかも……

【なりゆきでピンチ！】

げんこつをしゃぶる

じっと手を見て
なんじゃコレ
という表情
うん、なかなか
味はイケる
という表情
しゃぶしゃぶ
そのうち全部口に
入れて
ビミョーに困った表情

握った小さな手を、赤ちゃんはよく口へともっていきます。でも、その時の動きを見ていると、こぶしが口元をそれて頬にあたったり、あごにあたったり、なかなかストレートに口までたどりつきません。ようやく口にたどりつき、なめ回しているうちに……あら、こぶしごと口の中に入れています。

このころの赤ちゃんは、まだ**手を開くことができません**。また**動きもおおざっぱ**で、「おててをなめたいな」と思っても、思うようには動かず、試行錯誤を繰り返して、やっと手を口へ運ぶことができるわけです。こぶしをしゃぶるのも「あれ、お口に入っちゃった」という偶然のできごとなのです。

この時期の赤ちゃんの**脳はどんどん育っています**。重さも増えていますが、大切なのは神経回路がどんどんつながっていくという点。つながった**神経回路がうまく整理される**ことで、赤ちゃんは**じょうずな動きを獲得**していくのです。

ただいま神経回路の接続中。なかなか思うようには動きません……

手足をモゾモゾと動かす

【だれのしわざかしら？】

仰向けに寝て、機嫌よくしている赤ちゃんを見ていると、両手足を不規則にモゾモゾと動かしているのに気づきます。この動きを**「ジェネラルムーブメント」**と言います。お母さんの胎内にいた時にも、赤ちゃんは同じように動いていたのです。

あまり規則的でもなく、リズミカルとも言えないこの動き、実は**中枢神経系の発達**を表しています。

私たちは、この神経系を通さずに体を動かすことはできません。たとえば手を動かす時には、手が勝手に動くのではなく、神経系の回路を通して動かしているのです。

すでに中枢神経系が完成しているおとなは、動きがスムーズですが、赤ちゃんは、**中枢神経系が未完成**なために、**動きがスムーズではなく複雑**になってしまうのです。

成長とともに中枢神経系が完成されることでこうした動きが自由にできるようになり、手をたたいたり、積み木を積み上げたり、細かな物をつまんだりができるのです。

中枢神経系の発達を表す「ジェネラルムーブメント」

指を口に入れると吸いつく

【返さないモン】

口のまわりをつつくと
ちょん
カパ!
おっぱいを探す
かわいいしぐさ
つい指をあげると
ちゅ～～
おわ～っ
怪力
吸引
なかなか返して
もらえません

生まれたばかりの赤ちゃんでも、すぐにお母さんのおっぱいをじょうずに吸うことができますね。

これは赤ちゃんに、生まれながらに備わっている生命維持システム**「吸啜（きゅうてつ）反射」**のおかげです。「吸啜反射」とは、**吸ったり、啜（すす）ったり**という動作を、赤ちゃんの気持ちとは関係なく**反射的にすること**。「おなかがすいてオッパイを飲みたい」と思って吸いつくのではありません。

赤ちゃんの口元や頬を指で軽くつついてみてください。乳首を探しているかのように、顔を指の方へ向けてきませんか？　これは**「口唇探索反射」**と言い、文字通り口で**オッパイを探す反射**です。

生まれたばかりでも、生きていくためのシステムをちゃんと備えているなんて、赤ちゃんの体はうまくできていますね。

この反射も**やがて消えてしまいます**が、そのころには、「おなかがすいたよ」と泣いて訴えるようになっているというわけです。

オッパイを探すのは赤ちゃんの生命力

足の裏をつつくと瞬時に縮める

【君のゆく道は…】

小さなプリプリの
赤ちゃんの
足の裏をつつくと
チョン
ピク
かわいい反射
をします
これがあの巨大な
毛のはえた足に
なっちゃうなんて…
どう
した?
パチーン

足の裏をチョンとつつくと、赤ちゃんはピクッと足をひっこめます。くすぐったいのでしょうか。

実は、これは「**逃避反射**」というもの。生きていくためには危険から身を守らなければなりません。これは生まれながらにもっている**原始反射の一つ**なのです。危ない、くすぐったいなどという判断がまだできない赤ちゃんでも、この反射があるから、なにかが足の裏に触れると瞬間的に足を縮め**身を守ろうとする**のです。

反射という言葉に、ちょっとピンとこないかもしれませんが、私たちおとなでも体験することができます。膝の下をポンとたたくと、足がピョンと上がるのを経験したことはありませんか？　これは「膝蓋腱（しつがいけん）反射」というものです。自分の意思とはまったく関係なく動いてしまいます。

生まれたばかりの赤ちゃんは、こうした自分の**意思とは関係なく動く反射**を、数多くもっているのです。

危険から身を守るための かわいい反射

「アーアー」「クークー」と声を出す

【かやの外】

声を出すと言えば、泣き声がほとんどの赤ちゃん。でも、時に「アーアー」「クークー」といった声を出していることに気づきますね。まだ、おしゃべりしているわけではないのですが、それを聞いたおとなが「はいはい、なんですか？」とか「クークーですね」などと、思わず受け答えをしたくなります。

これは**「クーイング」**と言って、**おしゃべりのはじまり**といわれています。なにか意味のあることを語りかけているわけではありません。「ねえママ、ちょっと……」といったところでしょうか。

このクーイングにおとなが受け答えをした場合としない場合、受け答えをしたほうが長時間クーイングを続けるという実験結果があります。

赤ちゃんがこれから人とコミュニケーションしていく力を獲得するために、**話しかければ答えてくれるという経験は、なくてはならないもの**なのです。

「ねえママ、ちょっと……」はじめての語りかけ

足裏を床につけると歩く動作をする

【パパは宇宙思考】

両手で赤ちゃんの両脇を支えてあげて、足の裏を床につけるようにすると、赤ちゃんはあたかも歩こうとするかのように両足を交互に動かします。この動きに思わず「すっごい！　うちの子は生まれたばかりなのに歩く」と感激している人はいませんか？　そうです、赤ちゃんは生まれたばかりでもすでに歩く力をもっているのです。

でも、これは歩きたくて動かすのではなく**「自動歩行」という原始反射の一つ**で、数カ月たつといったん**消えてしまうもの**。その後、体の成長とともに赤ちゃん自身が「歩きたい」という気持ちをもつようになることで、**歩行**という運動を**あらためて意識的に獲得**していくのです。

この反射を利用して「少しでも早く歩かせよう」とする早期教育を行うところもありますが、それは無意味。赤ちゃんの興味や関心の育ちとともに、それこそ**赤ちゃんの歩みにそって、ゆっくり待ってあげる**ほうがいいのです。

生まれたばかりでも歩く力が備わっているあかし

ビクッとして両手が上に上がる

【驚きました】

ガタン
ビク…
反射〜〜
ちょんなことでびっくりしゅるんでしゅかー
チビでしゅねー♡
パパがやっつけてあげるでしゅー
大きい音のバカッ
エイッ エイ〜〜♡
妻が反射〜〜〜!

赤ちゃんのそばで、うっかりトレイを落として大きな音をたててしまいました。赤ちゃんは体をビクッとさせ、同時に両腕を抱きつくようにパッと広げました。また、抱っこしていた赤ちゃんをベッドに寝かせようとすると、やはり体をビクッとさせて両腕をパッと広げます。

なぜ赤ちゃんはびっくりすると、両手を広げるのか。これは**「驚愕（きょうがく）反射」**という反射です。私たちも、不意にうしろから声をかけられると驚いてビクッとしますね。でも、両手は広がりません。この形は赤ちゃんに特有の反射なのです。

「驚愕反射」は、お母さんの胎内にいる３カ月ごろから出はじめています。**はじめての胎動**を感じた時、実はこの「驚愕反射」が起きていると考えられています。

でも、赤ちゃんが「驚愕反射」を起こした時には、「ああ、反射ね」などと知らん顔しないで、**「びっくりしたね」と声をかけて**あげましょう。

はじめての胎動の正体はこの「驚愕反射」だった

指をしゃぶる

【にじみ出る気品】

このごろ、娘は指しゃぶりをするようになった
ちゅぱ
ちゅぱ
誰も教えてないのに小指を立ててる!!
この子…
生まれながらに品格があるって？
コクコク
じいちゃん
せれぶ？
何だソレ

指しゃぶりは良くないことと見られがちです。淋しいからだとか、やめさせるには唐辛子を塗ったほうがいいとか。

でも、このころの赤ちゃんの指しゃぶりは、親指が他の指から離れ、しかも口までもっていけるようになったという大きな発達をとげたあかし。素直によろこんであげたいものです。

指しゃぶりは、**すでに**お母さんの**胎内でも**していることが超音波画像で確認されています。それが生後、**いったんはなくなり、２カ月ごろからまたはじまる**のです。

赤ちゃんの口と指はとても敏感なところ。自分の口で自分の体を確かめているともとれる行動なのです。胎内では目で確かめることはできません。生まれてからは**目で親指を見て、それから口までもっていく**というように、胎内での指しゃぶりとは大きな違いがあります。「これが私の体ね、どれどれどんなものだか……チュウチュウ」といったところでしょうか。

親指を口までもっていけるのは発達のあかし

抱いている人の顔をじっと見る

【パパの暴走】

抱っこした赤ちゃんが、こちらから話しかけたわけでもないのに、顔をじっと見つめていることがあります。「おやおや、○○ちゃん、なんですか」と名前を呼びかけたくなる瞬間ですね。

生まれた直後の赤ちゃんは近視です。その後、脳と一緒に視覚も成熟していきます。

生後２カ月を過ぎたころ、動く物を見るとそこから**目が離せなくなる「強制固視」**が起こります。「こんなに小さいのにテレビをじっと見ている。わかるんだー」なんて感心しないように。赤ちゃんは見たくて見ているのではなく、目を離すことができないのですから。これは赤ちゃんの脳が急激に変化しながら育っている過程で起こることです。

そんなときには、抱っこをして**視線をちょっと変えるようにし**て、話しかけてあげましょう。この時期はそう長くは続きません。「強制固視」は**１～２カ月もすればなくなります。**

動く物から目が離せない……。それは、脳が急激に変化しているため

音で泣きやんだり動作が止まる

【門外不出】

泣いている赤ちゃんにガラガラを使って「ほらほら、どうしたのー」などと高い声であやしたりしますね。そうすると赤ちゃんは、泣いていても「あれ、なんだろう？」と音や声に気をとられて泣きやむことがあります。どんな音でも泣きやむというわけではありません。**気をとられやすい音の質**があるのです。

以前、関西方面のテレビからあるコマーシャルが流れると赤ちゃんが泣きやむ、と話題になりました。また、スーパーの買い物袋を手でもんだ時に出る「カシャカシャカシャ」という音で、多くの赤ちゃんが泣きやむという話も聞きます。

一般的に赤ちゃんは、**低い音よりも高い音に反応する**といわれています。私たちが赤ちゃんに話しかける時、自然に声の調子がふだんよりも高くなってしまうのは不思議なことですが、それは理にかなっているというわけです。

思わず気をとられちゃう！高い音に反応しやすい赤ちゃん

揺れるの大好き

【パパの才能】

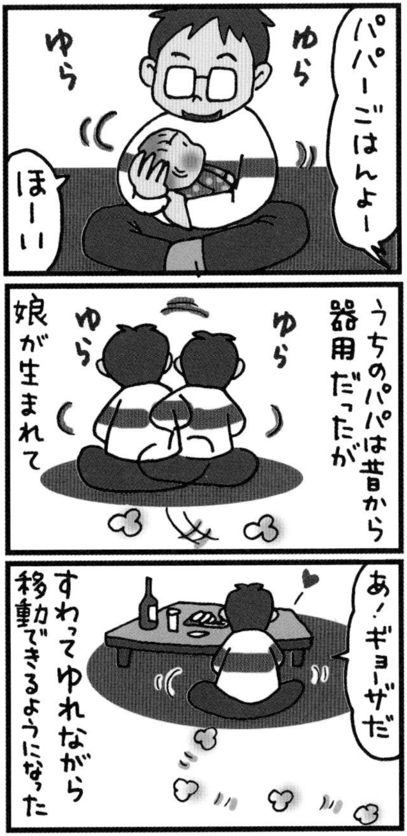

パパーごはんよー
ゆら
ゆら
ほーい
うちのパパは昔から器用だったが
ゆら
ゆら
娘が生まれて
あ!ギョーザだ
すわってゆれながら移動できるようになった

顔を真っ赤にして泣いている赤ちゃん。理由は不明。とにかく泣きやんでもらおうと、抱っこして歩きまわったり、体を揺らしてみたり……あっ、泣きやみました。赤ちゃんは揺れが気に入ったようです。

耳の奥にある平衡感覚（前庭覚）をつかさどる感覚器官と、皮膚、関節、筋肉にある体性覚（固有覚）をつかさどる**感覚器官が、快・不快などの情動と連動**しています。揺らすことで前庭覚と固有覚に快の情報が入り、赤ちゃんが「気持ちいいなー」と感じて泣きやむのです。

まだ自由に動けず、姿勢の変化にも乏しい赤ちゃん。おとなから働きかけて、**いろいろな姿勢を体験させて**あげたいものです。

そこで気になるのが、脳に障害が起きると話題になっている「揺さぶられっこ症候群」。でも、そうとうにむちゃな揺さぶりをしないかぎり、脳に障害を起こすなどということはありません。まだすわらない首にやさしく手を添えて、ゆっくりした揺れを楽しませてあげましょう。

揺れを察知する感覚器、それが赤ちゃんを快にする

声をたてて笑う

【ナイスアングル】

あやすと、ニッコリ笑い返してくれる赤ちゃん。ある日、「ハッハッハッ」と声を出して笑いました。これまでの「アーアー」「クークー」という鼻から出すような声とは明らかに違います。

私たちはなにげなく声をたてて笑っています。でも、人に**聞こえる**ような笑い声を出すには、喉(のど)にある**声帯を震わせ**、そこで発生した音をさらに**口の中で共鳴**させて大きくしなければなりません。

まだ、首のすわらない赤ちゃんは、下あごや喉周辺の筋肉が十分に発達していないので、声帯を震わせることができません。また、口の内部も音を共鳴させるのに必要な空洞ができていないため、声を出して笑うことができなかったのです。

赤ちゃんの笑いとは、そうした**発声にかかわる周辺の器官が成熟**し、いよいよ発声を使ったコミュニケーションの第一歩を踏み出したというあかし。赤ちゃんの第一声、よーく、聞いておきましょう。

いよいよ発声を使った
コミュニケーションの第一歩

たてに抱くと泣きやむ

【方向性の違い】

2カ月も天井見続けて
よしよし
おぎゃー
つまんないよう!!
どうしたかなぁ ごきげんナナメね
ひょい
ピタ
ごきげんナナメじゃなくて
気分はタテだったんだよなー

さっきから、どんなにあやしても赤ちゃんは泣きやみません。どうして泣くのか理由も思いあたらず、抱っこしたまま途方にくれてしまいます……。ため息をつきながら、なんとなく赤ちゃんの首を支えて体をたて抱きにしてみました。すると……泣きやんでくれるではありませんか。

赤ちゃんの体がたてになるということは、まだ赤ちゃんがその姿勢を保てるほどには、しっかりしていない首を支えるために力を入れなければなりません。そのことに**気をとられて**「おっと、泣いてはいられない」と赤ちゃんの**気分が変わります**。泣くのをやめて目を開けてみると、「うん、なにか見える……」と、まわりの物に気を引かれているのかもしれません。

なぜ泣いているのか、その**原因探しにとらわれると親はつらくなります**。「おなかがすいている？」「おしっこ、うんち？」「眠い？」などと考えてみても思いあたることがなければ、たてに抱いてみましょう。

姿勢が変わると気分も変わる。泣いてなんかいられない！

膝に抱っこすると背中を伸ばす

【いにしえのアレ】

膝の上におすわりさせる形で抱っこすると、最初のころは赤ちゃんの背中がお母さんの胸にベタッとくっついてしまいます。でも、だんだんとお母さんの胸から離れて、丸かった**背中が少しずつまっすぐ**になってきます。

こうなるといよいよ、**首がすわってきます**。この首ずわりは、これから赤ちゃん自らが動きはじめるときの要となります。

首がすわりはじめた赤ちゃんを、仰向けの姿勢から両手を持って上体を起こそうとすると、**首を自分でもち上げよう**とします。最初はグラついたり、ちょっと危なげですが、そのうちに首がしっかり追いついてくるようになります。うつぶせになった時も、顔をしっかりと上げ、**首を左右に動かせる**ようになれば**首ずわりの完成**です。

首がしっかりしてきた赤ちゃんは、たてに抱っこされるのが大好き。自由に動かせる首でまわりを見回し、はじめて見る物に「感動」しているのかもしれません。

首がすわってきたしるし。
「首ずわり」の完成まで、あとちょっと！

オモチャを目で追う

【パパは神出鬼没】

ぬいぐるみを、顔の近くまでもっていかないと関心を示さなかった赤ちゃん。あるいは、ガラガラを動かすと目で追うものの、視野から消えると関心を失っていた赤ちゃん……。でも、このごろは、**首を動かしてオモチャの動きを追っています**。

首がすわり、自分で首を動かすことができるようになった赤ちゃんは、興味のある物を目で追えるようになります。視野が広がり、いろいろな物が赤ちゃんの目に映り、「あれ、なんだろう？」と好奇心もどんどん広がっていきます。

「見たいから目で追う、目で追うことができるから関心も高まる」といったように、この動きは、赤ちゃん自身が「見たい、知りたい」という**意欲をもちはじめる原点**だとも言えます。

こうした意欲の育ちは、運動面の育ちとも大きく関係します。「見たい、知りたい」に「触れたい」が加わり、やがて寝返り、ハイハイ、歩行へと発達していくのです。

「見たい、知りたい」の好奇心は運動面を育てる原動力にもなる

拍手すると目をつぶる

【予定外なので…！】

赤ちゃんの見えないところで、手をパンと打ち合わせて音を出すと、赤ちゃんは瞬間的に目を閉じます。これは聴覚の**「瞬目反射」**というものです。私たちも目の前で手を打ち合わされれば、その動きに反応して、思わずまばたきをしますね。

でも、動きではなく音に反応してまばたきをするというのは、ちょっと不思議な現象です。この不思議な「瞬目反射」は**生後4カ月を過ぎた赤ちゃんに起こります。**

赤ちゃんは、聞こえているかどうかを自分で意思表示ができないため、一般に行われている聴力検査はできません。そこでこの「瞬目反射」が、**赤ちゃんの聴覚検査に利用**されています。

赤ちゃんを仰向けに寝かせるか、または膝の上に抱き、赤ちゃんの視野に入らないよう、耳から30センチぐらいのところで手を打ち合わせて音を出します。赤ちゃんがまばたきをすれば、聞こえていると診断するのです。

赤ちゃんの聴覚検査に利用される「瞬目反射」

手足をバタバタさせてはしゃぐ

【わかち合い】

気分がいいのか、赤ちゃんは「アーアー、クークー」と声を出しています。お母さんが赤ちゃんの体に触れながら、話しかけました。すると、赤ちゃんは手足をバタバタと力強く動かしながらはしゃぎはじめます。

これを私たちは「おはしゃぎ反応」と呼んでいます。この反応は、首ずわりが完成する少し前ごろから出てきます。**背骨や背筋がしっかり**としてくると同時に、**脳の中でも体をスムーズに動かすための機能が成熟**してきた証拠なのです。

この「おはしゃぎ反応」は、赤ちゃんとしっかり向き合わないと、なかなか見せてくれません。ほかのことはしばし忘れて、赤ちゃんに気持ちを集中させて遊んでみましょう。運良く赤ちゃんがはしゃいだら、こちらもはしゃぎたくなるくらいうれしいものです。

このころになると、そろそろ手足も活発に動かすようになってきます。おくるみやベビードレスよりも、手足を動かしやすいカバーオールなどを着せてあげましょう。

「おはしゃぎ反応」は運動機能が成熟してきた証拠

お母さんを見るとよろこぶ

【それでよし！】

赤ちゃんの顔を見ながら話しかけると、だれにでもニッコリとほほえみ返してくれていた赤ちゃん。いつごろからか、お母さんとほかの人とでは、なんとなく反応が違ってきたようです。

ある時期から、相手がお母さんだと、自分から笑いかけながら手足をバタバタさせてよろこびます。ほかの人だとじっと見つめ、すぐには笑いかけたりしなくなります。まだ、人見知りというほどの拒否反応ではありませんが、**「いつも自分のそばにいてくれる人」と、「別の人」の区別**がついてくるからこそ見せる反応です。「違いがわかる」ということは大きな成長ですね。

子どもは大きくなるにつれて、自分の**好奇心を実現**させていく**ための勇気**が必要です。その勇気のもとになるのが、**自分を守ってくれる人との信頼関係**。赤ちゃんが、「この人こそ私を守ってくれる人」と、身近な人に信頼を寄せはじめたのです。

「とっても大好き」。身近な人に信頼を寄せはじめた赤ちゃん

ガラガラを持ってよろこぶ

【あと一歩です】

○月△日やっと物をしっかり握れるようになる
にぎっ
翌日
振ることができるようになる
ガラン
ガラン
ガゴ〜ン
ガゴ〜ン
あとは自分にぶつけなくなれば完璧だ!!

赤ちゃんの手にガラガラを持たせると、振ってくれました。「ガラガラ」と音がすると、「ウン？」と、じっとガラガラを見つめています。また、振ってみては、「ウン！」と納得したような顔をしてご満悦です。

赤ちゃんにガラガラを持たせたことは、いままでだってあったはず。でも、そう長続きはせずに、すぐに落としてしまっていたのではないでしょうか。ある日、**自分で動かす**ことができるようになり、しかも動かした結果、音がする……。いままでは、お母さんやお父さんが動かしてくれていた物を自身でも動かすことができたのです。これは赤ちゃんにとって、どんなにうれしいことでしょう。

赤ちゃんは、こうした**遊びから**「こう動かす」と「こんな音がする」という**因果関係を発見**しています。これからいろいろなオモチャなどで**遊びながら**、赤ちゃんは**たくさんのことを学んでいく**のです。

自分で動かせるようになって 因果関係を発見

両手をからませたり手で足を触ったりする

【フロンティアスピリット】

2カ月ごろから見られる指しゃぶりは、赤ちゃんが自分の体を確かめている行動でした。少したつと口で確かめるだけではなく、**手と手をからませながら**、あるいは**手で足を触ったりしながら、自分の体を確かめる**という動きが見られるようになります。こうした動きをしながら「これが私の手、これが足」などと、**自分の体がわかってくる**のです。

人間の赤ちゃんは、手と手をからませることからはじめますが、おもしろいことにチンパンジーの赤ちゃんは、足と足をからませることからはじめます。チンパンジーにとっては、手より足のほうが重要な役割を担っているからなのでしょう。人間の手の活動は、ほかのどの動物よりも巧みです。毎日の生活を思いかえしてみると、書く、料理をする、箸を使う、電話をかけるなど、手が大活躍です。役割をより担っているほうから触りはじめるように、**ＤＮＡに書き込まれている**みたいです。

口だけではなく、手や足も使って自分の体を確認

うつぶせで腕に力を入れ頭を上げる

【男泣きなのにっ！】

ぐーっ
初めて首を上げた日
やっと自分の意思で
左右を見回し
せ…世界は
広い…
ほぎゃー
ほぎゃー
彼は感極まって
男泣きした
あら
オムツ
？

気分転換をさせようと、赤ちゃんをうつぶせにしてみました。すると手のひらと肘（ひじ）を床につけ、腕に力を入れて体を起こし頭を右へ左へと動かしています。いままでは、腕をそれほど伸ばすこともなく、すぐに頭を床につけてしまったのに、今日はずいぶんとがんばっています。

首ずわりと一緒に、うつぶせの姿勢でも上体がしっかりと起こせるようになってきました。腕の使い方も、**肘だけでなく手まで支えに使う**ようになり、**曲がった肘もだんだんと伸ばせる**ようになります。

うつぶせの姿勢は、頭に変形を起こさない寝かせ方として一時期はやりましたが、「乳児突然死症候群」（ＳＩＤＳ）を起こす理由の一つとされたために、最近ではあまり目にしなくなりました。

でも、赤ちゃんにここまで力がつけばもう大丈夫。頭が上がらずに窒息する心配はありません。この姿勢は、**やがて寝返りをするための力を養う**ことにもなります。

寝返りする日のために、力を養い、準備中

そばに だれもいないと 泣く

【聞こえていたクセに】

いままで、お母さんがちょっとした用事で赤ちゃんのそばを離れても、べつに問題はありませんでした。今日は、泣き声が聞こえます。ようすを見にいくと、お母さんの顔を見て泣きやみました。

赤ちゃんが、いるはずの**お母さんがいないことに気づく**ようになったのです。そして「アーアー（ママー、ひとりにしないでよー）」と呼んでいたのでしょう。それでもママが来てくれないので、「ママー、きてー」という叫びが泣き声になったようです。

このころの赤ちゃんは、あやされて笑い返すだけではなく、**自分から人に笑いかける**ようになります。自分から人へ働きかける**社会性の芽生え**です。

赤ちゃんの呼ぶ声が聞こえると、飛んでいきたいのはやまやまだけど、仕事が片づかなくて……という親の嘆きが聞かれるのもこの時期。そんなときには少し泣かせておきましょう。**自分の気持ちを強く訴えることも、赤ちゃんには必要**なのです。

赤ちゃんから人へ働きかける社会性の芽生え

仰向けからうつぶせになる

【なにがなんだか…】

仰向けで寝ている赤ちゃんの横にすわり、オモチャを見せて遊んでいると、手が伸びてきました。そのままオモチャを横に置いてみると、赤ちゃんはさらに手を伸ばし、体を反転させ、ついにはゴロリと一回転、うつぶせになりました。

寝返りですね。**自分の力で、はじめて姿勢を変える**ことができました。

利き手が決まるのは4、5歳ごろなのですが、4、5カ月ごろには手の使い方に左右差が出はじめます。赤ちゃんの寝返りのしかたには、自分の使いやすい手を支えに回転する場合と、逆側に回転する場合があります。どちらから先にはじめたにしても、2週間もすれば両方から寝返りができるようになるでしょう。手助けするときには、**腰を軽く押してあげると回転しやすく**なります。

なんとか回転してオモチャに手が届いたけれど、支えの手を体の下から抜くことができず、泣きだすこともあります。**手を自分で抜ける**ようになれば**寝返りは完成**です。

自分の力ではじめて姿勢を変えられる 寝返りのはじまり

泣いても あやせば すぐに笑う

【単純ですから】

なにが気に入らなかったのか、赤ちゃんが泣きはじめました。どうしたのかなと思いながら、そばにあったぬいぐるみで話しかけると、あらっ、ケロリと泣きやみ笑っています。

幼児が気に入らないことがあって泣きだし、「しょうがないね」とおばあちゃんにお菓子をもらうなり、すぐに笑顔で食べはじめ「いま泣いたカラスがもう笑った」とからかわれることがあります。赤ちゃんでも、こんな小さいころから「いま泣いたカラスがもう笑った」という、**気持ちの立ち直り**を見せはじめるのです。

泣く、笑うの切り替えができはじめた赤ちゃんは、物を**右手と左手で持ち替え**たり、**昼夜の区別**ができたり、**仰向けとうつぶせの姿勢を変え**たりと、ほかの面でも自分で切り替えができはじめているのです。

「切り替え」というキーワードで見ると、**いろいろなことが同時期にできるように**なる。発達って、不思議なものですね。

自分で「切り替え」ができる発達段階になった証拠

1
このころの赤ちゃん

いつごろから動きはじめているのか

赤ちゃんはお母さんの胎内で、いつごろから動きだしていたのでしょう。それは、お母さんが胎動を感じるよりも前、**生命活動を開始して２カ月ごろからはじまっています**。最初は全身をビクッと動かす「スタートル」という動きからはじまります。スタートルとは「驚愕」という意味で、全身を使った驚愕反射（Ｐ33）のような驚いた動きをするのです。

４カ月のはじめには手足を伸ばしたり頭を動かしたり、眼球をキョロキョロと動かしはじめます。

４カ月後半には、もう赤ちゃんは指しゃぶりをします。頭を向けたほうの指をしゃぶるのです。これは、胎児がすでに指を口にもっていくという、体の２つの部位を協調して動かせるようになったということ。この時期には、中枢神経の回路ができあがっているということなのです。

このように、２カ月ごろを皮切りに、赤ちゃんは胎内でいろいろな動きをはじめています。発生する順に主な動きの出現を追ってみると、スタートル（驚愕）、しゃっくり、首をうしろに曲げる、首を回す、手で顔を触る、胸をふくらませたりしぼませたりする呼吸様運動、あごを開く、首を前に曲げる、あくび、吸う・飲み込む、排泄となります。このほかにも多様な動きが確かめられていて、胎内でもかなり早くから、赤ちゃんが多彩な能力をもちはじめていることがわかってきています。

胎内での動きと誕生後の動き

誕生直後の赤ちゃんの動きを見てみると、**３つのパターン**に分けることができます。

１つ目は、誕生後に消えてしまう動き。スタートルや顔を手で触る動きなどで、これは生きていくうえでそれほど必要ではありません。**誕生後に消えるよう、遺伝子にプログラムされている動きです。**

２つ目は、**一生続く動き**。呼吸様運動や眼球運動、吸う・飲み込む、排泄などがそうです。生命の維持に必要な動きは、当然のことながら一生続いていきます。

３つ目は、**誕生後にいったん消えてしまうものの、数カ月後に再び現れる動きです**。これは「U 字現象」といわれる、おもしろい現象です。

指しゃぶりがその代表。胎内で見られた指しゃぶりは生後いったん消失しますが、２カ月ごろになると、胎内でしていた時よりもっと熟達した形で現れます。ある程度の意識的な動きになっているのです。

脳はどんなふうに成長するのか

人間の体の中でもっとも重要な部

位である「脳」は、赤ちゃんの動きを見るうえでも、重要な役割を果たしています。

では、赤ちゃんの脳はどうやってできあがっていくのでしょう。

誕生したばかりの赤ちゃんの脳の重さは、**体重の13パーセントにあたる350～400グラムです**。それが、誕生後にどんどん増え、生後**8カ月までに2倍**の重さに、そして**5歳で早くも成人とほぼ同じ**重さになってしまいます。

けれども、脳の重さが重くなれば能力が増すのかというと、そうとも言い切れません。いまのところ脳の重さと能力の間にはなんの因果関係も明らかになっていないのです。重く、大きいほど頭がいい、ということではないのです。

脳機能はどのようにできるのか

では、赤ちゃんの脳はどうやって発生・成熟し、いろいろな能力を獲得できるようになるのでしょう。

まず**妊娠1カ月**ごろから赤ちゃんの脳の基となる神経板ができはじめます。**妊娠6カ月**ごろには、大脳が前頭葉、頭頂葉、側頭葉、後頭葉などに分かれて、構造的には脳はおおよそ完成します。

形づくられた脳はどのようにして機能していくのでしょう。

私たちの体は細胞でできています。もちろん脳も同じで、細胞が寄り集まったもの。とくに脳の細胞は「**神経細胞**」と「**グリア細胞**」と呼ばれるものでできています。

神経細胞にはヒトデのように何本かの突起があります。神経細胞とこの突起部を合わせたものが「**ニューロン**」と呼ばれ、このニューロン同士の突起と突起が結びついていくことで、脳内を刺激が伝わっていくのです。

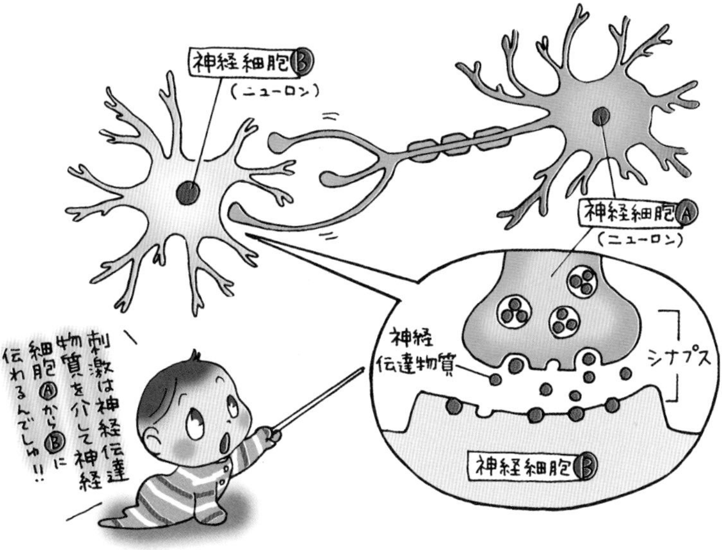

ニューロンの突起と突起が結びついたところは**「シナプス」**と呼ばれます。シナプスには隙間があり、その隙間のところは**「神経伝達物質」**というものが仲立ちして刺激を伝えていきます。こうしてニューロン同士がどんどんつながり、次のニューロンへ、また次のニューロンへと刺激が伝達され、ネットワークができあがっていきます。

一方「グリア細胞」は、増え続ける神経細胞が間違った刺激を伝えないよう支える細胞です。

胎内ではこのように脳がつくられていくのですが、一方で「神経細胞の細胞死」という不思議な現象も起きています。神経細胞を増やしつつ、その神経細胞を整理し、減らしてもいるのです。

生命活動を続けている赤ちゃんの細胞が、増えながら一方では死んでいくというのはイメージしにくいかもしれません。けれども、脳の神経細胞ばかりではなく、赤ちゃんの体の細胞にも細胞死は起きています。

胎内で赤ちゃんの体がつくられていく時、赤ちゃんの指の間にはもともと水かきがあります。私たちの指を広げてみると、指と指の間に皮が薄くなっている部分がありますね。この部分が胎内にいる時には指の先のほうまであり、指と指がつながった状態になっています。その水かきの部分がだんだんと細胞死することで、５本の指ができあがっていくのです。

こうした経過は、体でも脳でも、すべて遺伝子に書き込まれたプログラムに従って、ちゃくちゃくと進行していくことになります。

誕生後の脳細胞

誕生後も赤ちゃんの神経細胞は増え続けながら、その一方で整理されていくのですが、もう一つ重要な作業がはじまります。それが**「シナプスの過形成と刈り込み」**です。たくさんつくられたシナプスが、生後の環境による刺激や学習によって刈り込まれていくという現象です。

余分な
シナプスは
刈り込んで
効率よく
します

シナプスがやたらと多い状態では、刺激の伝達は効率よく進みません。そこで余分なシナプスを整理する、つまり刈り込んでいくことが必要になるわけです。

たとえば、ある一つの運動を繰り返し行うと、いくつかのシナプスのうち、その運動に優位なシナプスが残り、他のシナプスはなくなっていきます。そうすると無駄のない効率的な神経回路ができあがり、スムーズに運動ができるようになるという具合です。

赤ちゃんのしぐさを見ていると、ある時期に同じようなしぐさが繰り返されることに気づくことと思います。これこそがシナプスの刈り込みをして、効率のいい神経回路をつくっている最中、「ただいま学習中」と考えてもいいでしょう。

また、赤ちゃんが大好きな話しかけや働きかけをお母さんやお父さんが繰り返すことは、赤ちゃんにとって不可欠な「シナプスの過形成と刈り込み」を行うための「環境」だと言えるのです。

感覚器官

私たちには聴覚、視覚、嗅覚、触覚、味覚といった五感が備わっています。赤ちゃんはいつごろからそうした五感をもっているのでしょうか。

まずは**聴覚**ですが、**妊娠７カ月ごろ**から、つまりお母さんが胎動をさかんに感じはじめるころから、赤ちゃんの耳は聞こえています。お母さんの心臓の鼓動や、血液の流れる音、食べ物が胃や腸を通っていく音などを聞いているのです。同時に、お母さんの話し声も聞こえているので、生後すぐの赤ちゃんでも、すでにお母さんと別の人の声を聞き分けています。

お母さんの体の外側の音も聞こえていますが、腹膜や羊水を通した音なので、お母さんの声に比べると、かなり間接的な音になります。

視覚のはじまりも**聴覚とほぼ同じころ**。妊娠７カ月ごろには胎内で光を感じることができるようになります。お母さんのおなかに光をあてると、赤ちゃんが光のほうへ顔を向けることが確認されているのです。とは言えおなかの中は暗く、なにかが見えるということはありません。

生まれたばかりの赤ちゃんは近視で、20 センチ以上離れた物はボーッと見えている程度。おとなと同じように形を認識できるのは、生後6カ月ごろから。形や色の識別はさらにもう少しあと、１歳を過ぎてからになります。視覚が完成するまでとても時間がかかるものなのです。

嗅覚もやはり**妊娠７カ月ごろ**には、鼻粘膜に嗅覚細胞ができていることがわかっています。生まれたばかりの赤ちゃんの顔の近くに、お母さんのオッパイを染みこませたガーゼを置くと、顔をそちらへ向けることで、すでに嗅覚をもっていることが確かめられています。

触覚については、生まれたばかりの赤ちゃんの口に乳首をもっていくと、すぐに吸いつくことから、生まれた時には、すでに触覚が備わっていることがわかります。

触覚は五感の中でもっとも早く出現する感覚です。２、３カ月ごろには口のまわり、４カ月ごろには手の触覚刺激に対する感覚受容器ができるのです。胎内で指しゃぶりをするのは、この時期のもっとも敏感な部分を合わせることで、自分を認知しているといわれています。

最後に**味覚ですが、妊娠３カ月ごろには味を感じる味蕾**（みらい）が舌に現れます。羊水に甘みを加えると赤ちゃんは羊水をよく飲み、苦い薬を入れるとあまり飲まなくなるという実験で、胎内にいるころから、甘みや苦みを判別できていることが裏づけられています。

以上のように、赤ちゃんは胎内にいる時から五感を備えています。生後のいろいろな体験が、それらの五感を豊かにしていくのです。

赤ちゃんの眠り

赤ちゃんは、すでに**妊娠７カ月半ごろから寝たり起きたり**していることが、研究で証明されています。そして誕生直前には、一定の短い周期で睡眠と覚醒を繰り返しているそうです。

その周期は誕生後にだんだんと長くなり、**生後１カ月ごろには昼と夜のめりはり**が出はじめます。**４カ月ごろには、夜の長い睡眠と、昼間の何回かの短い睡眠**というように、昼夜の区別ができてきます。こうした睡眠と覚醒のリズムを**「サーカディアンリズム」**と言います。

生まれたばかりの赤ちゃんは1日に20～22時間、つまり1日のほとんどを眠ってすごします。生後3～4カ月になると、サーカディアンリズムができるとともに、睡眠時間は11～14時間に減ってきます。

こうした赤ちゃんの寝たり起きたりの睡眠リズムは、とても大切です。睡眠研究から胎生期や乳児期の睡眠は脳を創造し、育て、脳機能を守る働きをしていることがわかっています。できるだけ早寝早起きの習慣を心がけてください。

赤ちゃんの泣き

赤ちゃんの「泣き」は、産声からはじまります。産声は羊水から空気中に出た時に呼吸を確保するために必要な、きわめて**生理的な発声**でした。

その後、赤ちゃんは自分の状態を外へ向けて訴える手段として、音の質や強弱を変えて「泣き」を使いはじめます。

泣き声の周波数を理由別に見たところ、**痛い時**には400ヘルツ以上で、泣き声の持続時間が長い。**空腹を訴えている時**などは、300ヘルツぐらいで上下するメロディーのある泣き声が特徴。**なにか不満がある時**には250ヘルツ以下といわれています。

最初のころは、赤ちゃんの泣き声が聞き分けられないというお母さんでも、赤ちゃんの泣きに対応していくうちに、泣き方の違いがわかるようになります。

でも、赤ちゃんの訴えたいことは、成長するにつれて多種多様になってくるもの。赤ちゃんが泣いた時に、「おなかがすいたのか」「おしっこなのか」「どこか不快なところがある

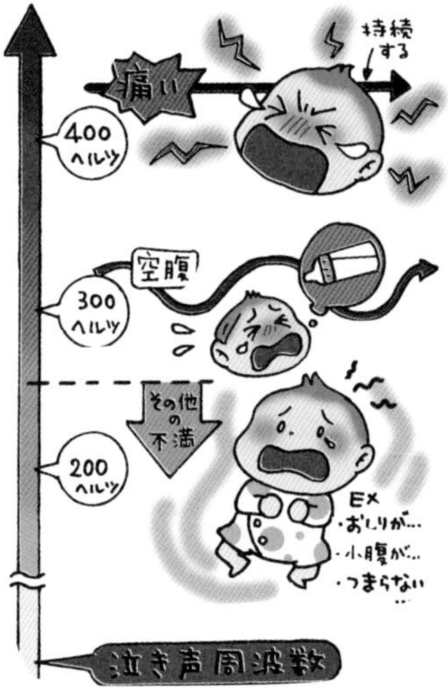

のか」などの基本的なことを確かめて、思いあたることがなにもなければ、それ以上原因を追及するのはやめて、抱っこをしてあやしてあげるのがいちばんです。

泣きの次はクーイング

赤ちゃんは生後２カ月ごろから**クーイング**といわれる、「アーアー」「クークー」といった発声をはじめます。これは泣くこと以外では、赤ちゃんにとってはじめての発声と言えます。赤ちゃんは自分の発した声を繰り返し聞くことで、さらに声を意識的に出すようになります。

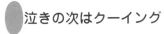

この時に、お母さんや周囲のおとなが、赤ちゃんが出す音と同じように、「アーアー」「クークー」とまねをして答えてあげることは、赤ちゃんが自分の音を再認識する助けになるのです。そして「自分が声を出すと、まわりが反応する」ということもわかり、声を出すことの意味を理解していくのです。

「生理的微笑」から「笑いかけ」へ

生まれたばかりの赤ちゃんが、眠っている時に見せる生理的微笑「天使のほほえみ」については、すでにお話をしました。

赤ちゃんの意図的なほほえみでは

なくても、周囲のおとなが思わず応えていくことで、その後、赤ちゃんは目を合わせて、意識的にほほえみ返すことをはじめます。

また、もう少しするとお母さんの働きかけに、手足をばたばたさせてはしゃぐようになったり、さらに自分のほうからお母さんに笑いかけるようになっていきます。このようにほほえみや笑いには、人間関係や社会性の育ちが反映されます。

赤ちゃんが豊かなコミュニケーションを獲得していくためには、**おとなからの働きかけが大きな役割を果たしているのです。**着替えやおむつ替えの時など、赤ちゃんと目を合わせて話しかけてあげたいものです。

抱っこ大好き！

赤ちゃんはもともと抱っこが大好きです。お母さんに抱っこされた赤ちゃんは「ネンネねー」などと言いながら**揺すってもらうことで、感覚器官の前庭覚、固有覚を刺激**され、心地よさを感じています。

また、お母さんの**心臓の鼓動はさながらＢＧＭ。**おなかの中で慣れ親しんだ安心のリズムです。

さらに抱っこしてもらうことで、**お母さんの**顔が間近に見え、近視の赤ちゃんでも、大好きな**視線をとらえる**ことができます。

抱き癖を心配する声もよく聞かれますが、赤ちゃんを抱っこできる時期というのは、それほど長くはありません。十分に抱っこしてもらって、安心感や安定感をもてた赤ちゃんのほうが、早くにその時期を通り抜けることができます。

最近はよく、おしゃれなバスケット（クーハン）などで赤ちゃんを運んでいるようすを目にしますが、抱っこの効用もぜひ忘れないでほしいと思います。

おすわりのころ

7▼9カ月

首がすわり、背骨がしっかりしてくると、
いよいよおすわりのはじまり。
おすわりした赤ちゃんの視野は格段に広がり、
手も自由に使えるようになります。
さまざまな物への興味や関心も強まり、
移動したいという欲求につながっていくのです。

脇を支えると足をツンツンする

【ちょうどイイから】

このごろ、赤ちゃんの両脇を抱え上げて、膝の上にすわらせようとすると、なんとなく膝を伸ばすように両足を突っ張ります。「たっちをしたいのかしら？」と膝の上に立たせてみると、膝がカクンと曲がり、またツンと伸ばします。いままでは膝が曲がったままだったのに……と、このしぐさを繰り返す赤ちゃんに、お母さんは大感激。

もともと関節を曲げることがほとんどだった赤ちゃんが、**関節を伸ばせる**ようになってきたのです。この動きができるようになった赤ちゃんは、うれしくて楽しくて何度でも繰り返します。見ているほうも「ツンツンツン」と思わずリズミカルに声をかけたくなります。赤ちゃんはその声かけがうれしくて、さらに繰り返すことでしょう。**一緒に楽しむには**、おとなが赤ちゃんを動かすのではなく、**赤ちゃんの動きに合わせることがコツ**です。

こうして関節が伸ばせるようになると、これまでよりも体を突っ張り、抱きにくくなることもあります。でもこれも成長のあかしです。

曲げていた関節が伸びるようになって、動かすことが楽しい！

カニのように泡をふく

【大切な瞬間】

口から、ブクブクと泡のようによだれが流れ落ちています。このごろは、よだれかけを1日に何回もとり替えなければならなくなりました。

よく「よだれの多い子は健康な子」といわれますが、確かに**唾液や消化液などの分泌物が多くなっている**証拠です。

離乳食をはじめる指標として、「授乳の間隔が一定になる」「月齢や体重」「親が食事をしている時に目で追ったり食べたそうにしている」などがあります。それに加えて、この「ブクブクと泡のようなよだれが多くなってきた」というのも、**離乳食ゴーサインの一つ**と言えます。

これまでは母乳やミルクで十分だった赤ちゃんも、成長とともに鉄分、ミネラル、タンパク質、エネルギーなどの栄養補給が必要になってきたのです。また栄養の面ばかりではなく、離乳食を進めることで**唇や舌、あごなどの筋肉の使い方**もじょうずになっていきます。

腹ばいのままで体の向きを変える

【いつの間に】

うつぶせていた赤ちゃんの体の向きが、いつの間にか変わっていました。「あらっ、自分で動いたのかしら？」と、お母さんは自分の目を疑ってしまいました。

腹ばいのままで体の向きを変えられるということには、いくつかの意味があります。動き方をじっくりと見てみると、利き手の腕を支えにして、利き手とは反対側に向きを変えています。右利きなら、右腕を支えにして左側に回転、左利きなら逆まわりに。支えにした腕に体重をかけるということは、**体重移動ができるようになった**ということ。そして、この時の**体のねじり方は、歩く時の上体の動きと同じ**。なんとそこには、歩行の基本動作が集約されているのです。

この時期、重心がうしろにある赤ちゃんは前に進みたくても、腕の力がまだ弱いこともあり、なかなか**前進できません**。赤ちゃんの前方にオモチャを置くと、イライラさせてしまうかもしれません。できるだけ**手が届く近いところに置いて**あげましょう。

体重移動ができるように。歩行の基本動作が集約されている

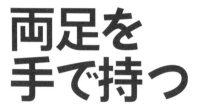

両足を手で持つ

【味見しただけ】

仰向けに寝た赤ちゃんが、上げた両足を両手で持って遊んでいます。この姿勢、**90度起こしてみると**しゃがんだ姿勢と同じですね。やがて、ハイハイをし、つかまり立ちをする前後に、赤ちゃんが見せてくれる、あのかわいい**「おしゃがみ」の姿勢**です。いまは寝たままで、その日のための準備をしているのかもしれません。

もう少しすると、今度はその足を口へともっていくようになります。その姿を見たお母さんは「あらあら、アンヨはバッチチよ、だめだめ」と声をかけたくなるかもしれません。

赤ちゃんは、これまでも自分の指や手などを舌でなめて確認してきました。今度は「これが私の足ね」と確かめているのです。こうすることで、赤ちゃんは**自分の足の先まで、ボディーイメージをもてた**ことになります。少々のばい菌なら心配はいりません。どうしても気になるようでしたら、足をきれいにしてあげてからなめさせましょう。

寝ながら「おしゃがみ」の練習！
足の先までボディーイメージがもてた

支えれば ひとりで すわっている

【専用ですから】

おっ このクッション買ったの?
便利そうだな
ちがうよ。パパ それ マーくんのお座り用
えー また マーくんの物?
ほらねー
なんかオレより エラそうだなー
社長

クッションで支えをつくり、赤ちゃんをすわらせてみると、まだ危なげではあるけれど、しばらくはひとりで体を支えていられるようになりました。その姿は、見ていて思わず「がんばれ！」と声をかけたくなります。

でも、**苦しそうだったら、無理をさせないように**。おすわりが嫌いになってしまっては元も子もありません。もう少し、首や腰などがしっかりし、バランスがとれるようになればひとりでも楽にすわれるようになります。

赤ちゃんの両脇に手を入れ、**体を持ち上げた時**に両足がブランとしているうちは、まだひとりですわることはできません。**両膝を曲げて引き上げてくる**ようであれば、**もうすぐおすわり**ができるようになります。

すわった赤ちゃんを見てみると、両腕が前に出て手を自由に動かせる形になっています。こうなると、赤ちゃんは自分の前にあるものに興味をもち、「なんだろう？　触りたい！」という好奇心が、ムクムクとわき起こるようになるのです。

ひとりでおすわりできるまで、あともう一息

口を
モグモグと
動かす

【見れば見るほど】

生まれて間もない赤ちゃんが、慣れないしぐさで口をモグモグと動かす時のあの頬の愛らしさ。思わず引き込まれて、つい自分の口をモグモグと動かしてしまいそうになります。

離乳食がはじまってからの赤ちゃんは、**「ゴックン期」「モグモグ期」「カミカミ期」「パクパク期」という食べ方の経過**をたどりながら、じょうずに食べられるようになっていきます。口を「モグモグ」と動かせるのは、「ゴックン」と飲み込める**喉の成長に加えて、**前後だけに**動いていた舌が、上下にも動かせる**ようになったからです。舌を上下に動かせれば食べ物を舌でつぶして食べることができます。おとなには苦もなくできることでも、赤ちゃんはこうして一つひとつ動きを練習しているのですね。

赤ちゃんの口元を見ながら思わず発する「モグモグゴックンね」というお母さんの声かけは、文化の違いでしょうか、英語圏では見られないようです。

舌が上下にも動き、じょうずにかめるようになる前の段階

【しくみを知る】

音が出るオモチャを楽しむ

楽しみながら「原因と結果」を理解

仰向けかうつぶせ、はたまた支えてもらえばすわっていられるなど、いろいろな姿勢ができるようになった赤ちゃんが、起き上がりこぼしやプレイングボードなどに積極的に手を出して遊びます。

このころの赤ちゃんは、自分のほうへオモチャを引き寄せてみたり、手で触れて音を出したり、**試行錯誤を繰り返しながら**「こうするとオモチャが動くぞ」「こうやればガラガラと音がするんだ」という、**原因と結果を理解していく過程**なのです。

自分の力でなにかが動いたり、音が出たりすることは、赤ちゃんにとっては格別のよろこびです。そのよろこびは、私たちがなにか習い事をしている時と似ています。失敗したり成功したりを繰り返しながら、完成に向けて何度も挑戦していく。それはまさに**学習への第一歩**と言えるかもしれません。**「赤ちゃんの好奇心と意欲が、そのまますくすくと育ちますように」**と願いたくなりますね。

うしろにはう

【うれしいのに……】

腕と足とでは、どちらが先に力もちになると思いますか？
実は腕のほうが早くに力がつきます。「ねんねのころ」にうつぶせにすると、上体をそらすように頭を起こすことがありましたが、この時にも手が支えになっていました。でも、その時にはまだ肘が曲がったままでしたね。最近は、力いっぱい両腕の**肘を伸ばすことができる**ようになってきました。

でもそうなると、**重心がうしろ**にある赤ちゃんの体は、どうしても**うしろに移動**してしまいます。これが**「うしろばい」**です。

もう少し足に力がつき、自分で重心を前に移動できるようになると、腕の力と足の力を使って前に進めるようになります。

さらに足が力強く動くようになり、肩にも力がついてくれば、床に膝をつけて腰を上げ、両腕の肘も伸ばしたよつばいの姿勢がとれるようになります。そのうえで手足をバランスよく動かせるようになると、よつばいがはじまるというわけです。

よつばいへの第一歩！もう少し力がつけば前進

知らない人をジッと見る

【ナス三昧のヒミツ】

スーパーに買い物に行った時、ぐうぜんに知り合いのおばさんと出会いました。おばさんは赤ちゃんを見て「まあ、かわいい赤ちゃんね」と声をかけました。赤ちゃんは、おばさんのことを穴があくほどジッと見つめ、ニコリともしません。おばさんが「抱っこ」と手を出しますが、赤ちゃんは顔をそむけます。そして、またおばさんのことをジッと見つめはじめました。

人見知りというほどの拒否反応ではないのですが、赤ちゃんは「この人だれ？」と、はじめて会ったおばさんに対して**戸惑いを感じている**のです。この時、お母さんが「○○ちゃん。抱っこって言ってくれているよ」と声をかけると、「じゃ、まっいいか、抱っこさせてあげるか」と抱っこをしてもらうこともあります。

この先もっと自我が育ち「知らない人は嫌だ」と、はっきりとした気持ちをもつようになると、「まあ、いいか」と妥協できない**人見知りがはじまる**のです。

「この人だれ？」赤ちゃんは戸惑ってる

ハンカチを顔にかけるととる

【ちょっとタイム】

顔にハンカチをかけられた赤ちゃん。手でハンカチをとり除き、ニッコリ！　こんなとき、遊び相手をしているお母さんは、赤ちゃんにめいっぱいおもしろい顔を見せてよろこばせようと、いろいろと工夫をこらすものです。

ハンカチをかけられた赤ちゃんは「これをとると、**お母さんの顔がある**んだ」ということが**予測できている**ので、とった瞬間に「やっぱりね」と予想通りだったことがうれしくてニッコリと笑いかけているのです。残念ながら、おもしろい表情を期待していたというわけではありません。

でも、がっかりするには及びません。そうしたやりとりを繰り返しているうちに、だんだんと「次は、どんな顔だろう」と楽しむようになりますよ。大丈夫、ちゃんと親の苦労は報われます。

この時期の赤ちゃんとは、**衣服を着せながら**「おててが出てくるかな……あった！」などといったやりとりを**楽しんでください**。

「ハンカチをとったらお母さんがいる」赤ちゃんは想定済み

「抱っこは」と言うと自分から手を出す

【どっちにする？】

お母さんは、赤ちゃんを抱っこする時に「○○ちゃん、抱っこしようね」などと言いながら、両手を差し出しますね。それを見てきた赤ちゃんは、ある日、「抱っこは」と言われると、自分からお母さんのほうに腕を伸ばして、ちっちゃな５本の指を全開にした手を差し出すようになります。

最初のころはお母さんの**言葉だけではなく、動きなども含めて「抱っこだな」と判断**しているのですが、だんだんと「抱っこ」という**言葉を覚え**、お母さんの動作がなくても、**言葉だけで両手を差し出す**ようになってきます。

しばらくの間、赤ちゃんはこの「手を差し出す」というしぐさを、「抱っこして」「食べたい」「欲しい」などの**要求を表現するために使います**。

そして、このしぐさはしだいに手差しへと移行します。赤ちゃんは「あれ」「あっち」などの方向をさし示す意味を込めて使うようになっていくのです。

お母さんのしぐさをまねて手を出すように

親しみと怒った顔がわかる

【知らぬ間に】

おすわりをした背中をお母さんに向けて、赤ちゃんが黙々となにかしています。あらっ！　お父さんの読みかけの本をベロベロとなめていました。「ダメよ！」とほかのオモチャを差し出すと、赤ちゃんはお母さんの顔をまじまじと見ています。

これまでは、触られては困る物をとり上げても代わりのオモチャを渡せば、すぐに遊びはじめたはず。でも、だんだんと赤ちゃんは気持ちを理解しようとして相手の表情を見るようになります。相手が優しい気持ちなのか、怒っているのか、わかりはじめるころなのです。

赤ちゃんは、**言葉よりも先に表情から相手の気持ちを推測する**ようになるのです。赤ちゃんをしかる時、笑顔を見せながら言い聞かせても、「ダメ」という意味は伝わりません。逆に、ぶっきらぼうな表情で「かわいいね」などと言っても気持ちは伝わらないのです。できるだけ伝えたい内容にふさわしい**豊かな表情で接してあげて**ください。

言葉よりも、まずは表情から相手の気持ちを理解する

持っている物を離してハンカチをとる

【じゃましたなー！】

両手に積み木を持って遊んでいる赤ちゃんの顔に、ハンカチをフワリとかけてみたら、赤ちゃんは両手に持った積み木を落として、ハンカチをとりのけました。

このしぐさ、注意深く見ていると、とてもおもしろい発達の経過を教えてくれます。最初は、顔にかけられたハンカチに気をとられ、思わず両手の積み木をポトリと落とします。この時期の赤ちゃんは持つことはできても、まだ離すことができないのでポトリと落とすのです。

でも、ほんの1、2カ月で、自分から積み木を離して、ハンカチをとりのけるようになります。

思わず落とすのか、自分から離すのか、この違いは見たところ微妙ですが、手の使い方の**育ちとして大きな発達段階**を示しています。

試してみる時には、厚手の透けないハンカチを使ってください。お母さんが透けて見えていると、赤ちゃんはハンカチをとり除こうとはしないでしょう。

微妙な違いに 大きな発達の意味がひそんでいる

鏡の中の自分がわかるようになる

【うっとり……】

誰かなー
あー
ちょっとかわいいでしゅねー
うぬぼれすぎでしゅ！
へへへ

お母さんが鏡の前で髪の毛を整えていたら、赤ちゃんが近づいてきたので、「ほら、○○ちゃんがいるかな」と赤ちゃんを鏡に映して見せてあげました。すると自分の姿に向かって手を出したり、ほほえんだり、「アーアー」と声をかけたりして楽しそう。ねんねのころ、赤ちゃんをあやしながら鏡に映して見せたときにはなんの反応もしなかったのに、鏡に映る自分の姿がわかるようになったようです。

赤ちゃんは最初、鏡に映る姿が自分だと思わなかったかもしれません。でも、手を動かしたり、笑いかけたりといった**試行錯誤ののちに**「これは、私なのね」と**気づく**のです。

いままでなら、口センサーで指や足などをなめながら自分を確認してきた赤ちゃん。とうとう、鏡に映る自分の**全体像を目で確認**することができました。はじめて見た自分の姿に「けっこうかわいいじゃん」と悦に入っているのかもしれません。

自分の全体像を鏡で確認

器をワンタッチでひっくり返す

【リハーサルですか？】

お母さんと向かい合っての食事時間、「ほら、アーンは！」とスプーンを差し出されて、赤ちゃんはうれしそうです。器の中の物にお母さんが気をとられている一瞬のすきに、赤ちゃんが食器をひっくり返してしまいました。このごろ、食事の時には雑巾が手放せなくなっています。

このころの赤ちゃんは、物を手でつかめるようになったけれども、まだうまく離せない時期。だけど手首を回転させることはできるようになっています。赤ちゃんは食器を**自分のほうへ引き寄せたくてつかんだけれど、離せなくて思わず手首を回転**させ、ひっくり返してしまったのです。すると中からなにかが出てくるので、器の中にはなにか入っている、ということを学びます。

お母さんにとってはちょっと大変な時期ですが、うまく切り抜けていきましょう。たとえば容器の中に危なくない物を入れて、**ひっくり返し遊びが楽しめるように工夫**をしてあげてもいいですね。

つかめるようになったけど離せなくて、手首が回転

スプーンで器の中をかき混ぜる

【まぜまぜ職人】

お母さんは、このごろ食事の時間が憂うつです。赤ちゃんが食べ物を手づかみで口にもっていったり、スプーンで器の中をかき混ぜたりして、もう大変。食後の散らかしがひどくなるばかり！　いつまでこんなことが続くのやらと、ついため息が出てしまいます。

いままでおとなしく「アーン」と口を開け、モグモグと食べさせてもらっていた赤ちゃんも、**自分で食べたい気持ちが出てきた**のです。お母さんは大変ですが、ここは我慢のしどころ。この時期はちょっと長く続くかもしれませんが、できるだけ積極的に手づかみ、スプーンかき混ぜをやらせてあげたいところです。こうすることで赤ちゃんは、**スプーンは器の中の物をすくって食べる道具だということを学び**、さらに**手の使い方を練習**しているのですから。

早ければ１歳過ぎたころから、自分でスプーンを使い、じょうずに食べられるようになります。

道具の使いみちを学習中！

わざと
物を落とす

【ちょっと似てるかも】

テーブルの上のオモチャで遊んでいた赤ちゃんが、うっかり手でオモチャを払い落としてしまいました。「あれれ、消えちゃった……」と、赤ちゃんは不思議そうな顔です。「落としちゃったの……はい」とお母さんが拾い上げると、「あっ、あった！」と、消えていないことに気づきます。そうなると今度は意図的に、オモチャをとってはテーブルの下に落とします。

お母さんは「せっかく拾ってあげたのに」と思うかもしれません。でも、ここで赤ちゃんは大発見をしたのです。ニュートンが示した万有引力との出合いです。

目の前にあった**物が消えてなくなる**おもしろさ、消えてなくなっても物は下に落ちて、**ちゃんとあるという発見**に、赤ちゃんは夢中になり、それを確かめるかのように、何回も落としてみているのです。

赤ちゃん自身がとり組んでいる実験の時間です。お母さんも**見守りつつ**、赤ちゃんと**一緒に楽しめるといい**ですね。

物が目の前から消えてしまっても、なくならずに「ある」ことを発見

「バー」「ダァー」と楽しそうに声を出す

【CMがスイッチ !?】

お母さんがお気に入りのＣＤを聴きながら料理をしていると、「ダーッ」「バー」「ダーッ」と、大きな声が聞こえてきました。どうやら赤ちゃんも音楽を聴いてご機嫌のようです。

ねんねのころは「アーアー」「クークー」といったクーイングをしていた赤ちゃんも、だんだんと大きな声でいろいろな音声を出せるようになってきます。このころの発声は**「喃語」**といわれ、とくに**意味はもたず、発声練習**をしているといったところでしょうか。時にお父さんやお母さんの**言葉の一部をまねて繰り返し発声**することもあります。

また、突然に大きな**声を出してお母さんの気を引いてみたり、声を使って意図的にコミュニケーション**をとろうとします。

赤ちゃんは、お母さんやお父さんの話しかけを聞き、その音をまねてみたり、音とその意味をつなぎ合わせたりしながら、言葉を獲得しつつあるのです。

発声練習をしながら言葉にふくまれている音をまねする

よつばいの形で体を前後に揺らす

【技の名は……】

最近 毎日目新しいポーズをするので
シャキーーン
パパが記念にポーズに名前をつける
くいっ
くいっ くいっ
あ〜〜〜
天の橋立てスペシャル!!
やだ

最近、なんとかよつばいの姿勢がとれるようになりました。よつばいのままで、真剣な顔をして、体を前後にゆらゆらと揺らしては、おすわりの姿勢に戻ったりしています。

こうしたしぐさが見られるようになると、**もうすぐハイハイ**をするようになります。体を前後に揺らすことで、**移動する時に必要なバランスをとる練習**をしているところなのです。移動するためには、体の重心を移動させなければなりません。そのためにはバランス感覚が必要なのです。

しばらくすると右手と左足、左手と右足とを交互に動かしたハイハイがはじまります。

体を揺らしてバランスをとる練習は、つかまり立ちから歩きだしのころにも見せるしぐさ。この時には、つかまり立ちをした姿勢で体を左右に揺らします。

赤ちゃんはけなげにも、**新たな動作を獲得する直前**には、こうした**地道な努力を重ねている**のですね。

ハイハイにむけて地道な努力

オモチャを カチカチと 打ち合わせる

【満足ですから！】

おすわりした赤ちゃんが両手に積み木を1つずつ持ち、右手と左手を打ち合わせ、音をたてではお母さんの顔を見上げてニッコリと笑います。満足そうな笑顔に、お母さんもほのぼのとした気持ちです。

右手と左手を合わせるという動作は簡単なようですが、赤ちゃんにとっては、**「右手と左手の協調動作」という新たな能力を獲得**したからこそ、できるしぐさです。

打ち合わせることで音が出ることを発見し、自分で音が出せたことがうれしくて「お母さん、カチンと鳴ったよ」と笑いかけているのでしょう。「そう、カチンと鳴ったね」と一緒によろこんであげたくなりますね。

お母さんも赤ちゃんのまねをしてみましょう。そうして、親子でかけ合いができるようになると、ますます楽しくなります。その時「カチカチね」と声もかけてあげていると、やがてお母さんが動作をしなくても「カチカチね」と言うだけで、赤ちゃんが打ち合わせるようになります。

右手と左手を協調させて動かせる

テイッシュペーパーを次々と引き出す

【道程】

君の前には
道がある
シュッシュッ
シュッ
びろ
びろびろ
君のあとには
山ができる
しかも全部ゴミ山

洗濯物をとり込んでいたお母さん。「なんだか静かにしているけど」と振り返ると、なんと部屋中にティッシュペーパーがヒラヒラと舞っています。

ティッシュペーパーの箱は赤ちゃんにとって格好のトライアル・グッズ。引っ張ればスーッと出てきて、「はい、次をどうぞ」と新たな紙が顔を出しているのですから、こんな魅力的な物はありません。お母さんのことも忘れて夢中になるわけです。お母さんのことを忘れる……つまり**ひとり遊びのはじまり**です。

この時期の赤ちゃんは、新聞紙や雑誌を引きちぎったり、リモコンや携帯電話をなめたり、お母さんが「ドキッ」とすることを次々とやってくれるほど、**探求心が旺盛**です。壊されては困る物はまわりに置かず、古い新聞や雑誌、壊されても平気な物を置いておきましょう。**思う存分試して**「これはこんなものね」とわかれば、納得して**興味がほかに移っていきます**。

旺盛な探求心で ひとり遊びのはじまり

遠くの物に興味をもつ

【ヘンな風景】

ハイハイで移動ができるようになった赤ちゃん。**好奇心が距離的に**もどんどん**広がっていく**ころです。「なにか、おもしろいものはないかな」と、ハイハイしながら調査活動。目に映る物にはなんでも手を出してみたくなります。

そして「これはなんだ」「これはおもしろそう」と触ったり、たたいたり、なめたり。このころの赤ちゃんのセンサーは、まだまだ口が有力です。やわらかい、ざらざらしている、かたいなど、**物の質を口センサーを使って確かめている**のです。

私たちの身のまわりを、あらためて見てみると、スリッパ、ゴミ箱……などなど。あまり口にしてほしくないと思える物がたくさんあります。でも、**探索活動はできるだけさせてあげたい**ですね。画びょう、針、はさみ、たばこの吸い殻、小銭、ゼムピンやピーナッツ等々、けがをしたり、飲み込むと**危険な物は、最初から手の届かないところに**必ずしまっておきましょう。

ハイハイ移動で関心をもつ物の範囲も広がる

オモチャをとられると怒る

【女の意地……？】

さあ、もう出かけるから
オモチャは おしまいね
ウギャ〜!!
ギョエーー
10分後…
うぎゃ えぐっ
ブリブリ〜
オエ〜
ひっく ひっく
いいよもう…

そろそろ出かける時間が近づいてきました。赤ちゃんを着替えさせなければなりません。「さあ、お片づけして着替えましょう」と、赤ちゃんが持っていたボールをオモチャ箱に入れたとたん、「グゥアー！」と、大きな声で泣きはじめました。
「私が遊んでいるのに、どうしてボールをとっちゃうのよー」と抗議の声を上げているのです。泣いて怒るということは、赤ちゃんが自分なりに「ああしよう」「こうしよう」という遊びの**イメージをもって遊びはじめた**ということです。その自分のイメージを**中断されて怒っている**のです。

こんな時お母さんは、怒って泣いている赤ちゃんの気持ちを「もっと遊びたかったのね」などと言葉にしてあげましょう。おとなでも、**気持ちをわかってもらえれば、怒りがおさまりやすいもの**ですよね。

遊びを中断する時は、「お片づけよ」と声をかけてから。怒っている赤ちゃんもだんだんと理解してくれるようになります。

赤ちゃんなりの
遊びのイメージをもちはじめた

夜中によく泣く

【原因は何だ !?】

最近急に夜泣きがすごくなって…
よしよし
えーん
どうしてかなぁ
昼間いろんな刺激をうけて
犬になめられたり
ふんすいを見たり
ザー
夢見ちゃうのかも…
しかしその真相は
ふんすいジャ〜〜ッ
ひ〜〜
ママの寝言でした

このごろ夜中に泣きだすようになり、お父さんもお母さんも寝不足が続いています。赤ちゃんを抱っこして「今日は、○○ちゃんと遊ばせたと言っていたな、興奮しているのかな。それとも……」と理由もわからず、大きなため息をつくお父さん。

不思議なことに、**夜泣き**は、赤ちゃんが**歩ける**ようになり、**おしゃべりができる**ようになると**なくなります**。まだ歩けない赤ちゃんは、自分の行きたいところがあるのに行くことができません。気持ちを伝えたいのに、まだ言葉も話せません。**実現するまでにはもう少し……という発達の節目に、夜泣きが見られる**のです。

これから先も赤ちゃんが育っていく過程で、大きな変化を伴う**発達の節目**には、怒ったり、かみついたり、イライラしたりと、**親を困らせる**ような行動が出てくるものです。そして、ある時期を過ぎると急に、聞き分けのいい子になったりします。その日を楽しみに、いまを乗り切りましょう。

発達の節目に起こる夜泣き

抱っこすると髪の毛を引っ張る

【気合で敗北】

お母さんが、赤ちゃんを抱っこするたび、髪の毛を引っ張られて困っています。「痛い！」と思わず言ってしまうほどの力です。しかも「痛い！」と言えば言うほど強く引っ張ります。先日も、久しぶりに会ったおじいちゃんのメガネを壊すのではないかと、ハラハラさせられました。

抱っこされた赤ちゃんは、自分の目の前にある、フワフワした髪の毛や、キラキラしたメガネに「これはなんだ！　フワフワして気持ちいい」とか「キラキラしてきれい」などと興味をもったのです。ちょっと引っ張ってみたらお母さんが「痛い！」と反応した……これはおもしろい！　**新しい遊びを発見**した、というのが赤ちゃんの側からの言い分。

赤ちゃんの言い分がわかったところで、痛みを我慢することはありません。やはり、ダメなことは「ダメ」と伝えましょう。**「ダメ」は、中途半端な気持ちではなく、低い声で毅然と伝えないと効果がありません。**

赤ちゃんにとっては楽しい遊び、でも「ダメ」は毅然と伝えよう

「たかい、たかい」「飛行機ブーン」などをよろこぶ

【パパのエクササイズ】

赤ちゃんの大きな笑い声が響きます。さっきからお父さんに「たかい、たかい」をして遊んでもらっているのです。体がしっかりしてきて、ダイナミックに動かす遊びでも、お母さんは以前より安心して見ていられます。

こうした遊びは「ねんねのころ」の「揺れが大好き」のところでもお話しした、**前庭覚と固有覚を刺激する感覚遊びで、赤ちゃんは大好き**。一度やると次を期待して待つような態度を見せたり、自分から「もっとやって！」と手を出してきたりします。

感覚遊びをただ楽しんでいるだけでなく、お父さんとのやりとりやかけひきも楽しむようになっています。おとなにとっても、**赤ちゃんとのコミュニケーションがますます楽しいものに**なってきます。

「もっとやって！」と手を出してきた時に、ちょっとじらしてみても楽しいですよ。赤ちゃんは期待感でワクワクし、きっと目もキラキラと輝いていることでしょう。

赤ちゃんの大好きな感覚遊び。やりとりもバリエーションをつけて

向かい合った遊びをよろこぶ

【サビだけでした……】

いーとーまきまき
いーとーまきまき
ひーてひーて
トントントン
きゃーッ
せっかく盛りあがるも
……
……
続きが思い出せず、フリーズ…

以前に比べて、お母さんやお父さんへの働きかけがさかんになってきた赤ちゃん。オモチャだけではなく、**人となにかをすることが大好き**になってきました。そろそろ赤ちゃんと向かい合って、**手遊びやくすぐり遊びを楽しみたい**ものです。

お母さんから「はい、どうぞ」とオモチャを渡し、「ちょうだいな」と赤ちゃんから受けとる動作をかわりばんこにする遊びも、赤ちゃんはよろこんで繰り返します。

また、手遊びには、歌いながら遊べるものがたくさんあります。伝承遊びとして親しまれてきた「きらきら星」、「かいぐりかいぐり」、「上がり目、下がり目」などは、手首を回したり、両手を別々に使ったり、赤ちゃんがまねをしたくなるような動きが盛り込まれています。

くすぐり遊びでも「いっぽんばし」など、赤ちゃんがよろこぶものがあるので、こうした**遊びを通した、自然なスキンシップ**を大いに楽しんでください。

お父さんやお母さんと一緒に遊びたい

頭を
ゴンゴンと
打ちつける

【責任回避】

うちの子は後頭部を
ゴン
ゴン
ナナちゃんはおでこをゴンゴン
ゴンゴン
せっかく天才にうんだのにねぇ
後のことは私たちのせいじゃないわね！
ゴン
ゴン
ゴン
ゴン

どうしたのでしょう。布団に寝転がった赤ちゃんが頭をゴンゴンとうしろに打ちつけています。表情を見ると、べつに変わったようすもなく、声をかけたらニッコリと笑っています。

お母さんにとってはちょっと気になることかもしれません。頭は大切な部位ですから、どうにかなってしまわないかと心配になるのもわかります。

でも、**赤ちゃんは打ちつける感覚を楽しんでいる**だけなのです。体の中で、自分では見えないところが頭。その**頭の存在に気づき**、自分で感覚遊びを思いつき、没頭しているところだと言えばいいでしょうか。

そんな時には**無理にやめさせても**、赤ちゃんは**繰り返すだけ**。危険な物がないか確認したら、あとはそのまま遊ばせてあげましょう。やるだけやれば、赤ちゃん自らが次の遊びへと展開していきます。この遊びで頭にけがをするなどということは、まずありません。

感覚遊びの一つ。
頭のけがなど、心配しなくてOK!

❷ このころの赤ちゃん

どんどんじょうずになる「協調運動」

赤ちゃんは自分の目に見えた物に関心を示し、触ってみたり、動かしてみたりします。これは「見る」ことと「手を動かす」という２つの動作が互いに協調し合うことで成り立つ動きです。これを**「協調運動」**と言います。

協調運動は目と手だけではなく、目と右手と左手、目と手と足と……というように、だんだんと協調していく部分が多岐にわたり、複雑な動きができるようになっていきます。

生まれたばかりの赤ちゃんに原始反射があることは、「ねんねのころ」でお話ししました。原始反射は赤ちゃんの気持ちとは関係なく動いてしまうものですが、数カ月もすると消えてしまうもの（モロー反射）や、反射から意識的な動作へと切り替わるもの（吸啜(きゅうてつ)反射）などがあります。

いずれしても、赤ちゃんのこうした原始反射が消えていくのと入れ替わるかのように、**目と手の協調運動を中心に、いろいろな動作が自分の意思で行えるようになってきます。**

胎内で指しゃぶりをしていた赤ちゃんが、誕生後にいったん指しゃぶりをしなくなり、２カ月後からまたはじめるということを、「ねんねのころ」でお話ししました。このU字現象で再開した指しゃぶりは、まさに目と手が協調し合うことで行われているのです。

おすわりができるころの赤ちゃんは、両手が自由に使えるようになり、目の前のオモチャなどへの関心も強まります。「ああしたい」「こうしたい」という欲求が増えていきます。その欲求を満たすために動くものの、最初はすんなりとはいきません。それでも赤ちゃんは、試行錯誤と練習を重ねて熟達していきます。その過程で、自分の思うように動かせないことに苛立(いらだ)ち、かんしゃくを起こすこともあるわけです。

赤ちゃんがかんしゃくを起こしている時には、すでにその前に自分なりに試行錯誤をした末のこと。おとなは、声をかけながら手助けしてあげることが必要です。

もともと人が大好き

本来、人は赤ちゃんの時から人が大好きなのです。そのことを証明するいくつかの現象についてお話ししましょう。

赤ちゃんは、なにかを人に訴える時に泣いたり、「アーアー」と声を出して呼びかけたり、笑いかけたりします。こうした行動は**「シグナル行動」**と呼ばれます。相手に対してシグナルを発し、それを見たおとなが、思わず赤ちゃんに声をかけたり、抱っこしたりして、そのシグナル行動に応えます。すると赤ちゃんは、またそれに対して、なんらかの次の対応を起こします。

こうした相互のやりとり、つまり**「相互作用」**により、お互いのコミュニケーションが深まっていきます。

そうです、赤ちゃんは生まれなが

らに、人に対してシグナル行動を発して、人を自分に引き寄せる力をもっているのです。

さらにもう一つ、私たちも思い起こすことができる現象があります。たとえば、友人と２人で並んで歩いている時に、２人の歩調が一緒になっていることに気づいたことはありませんか。これは**「引き込み現象」**というもので、お互いに相手のリズムに同調していくことを言います。

この引き込み現象が、赤ちゃんとお母さんの間でひんぱんに起こっているのです。たとえば、赤ちゃんを寝かしつけようと並んで横になっている時に、いつのまにかお母さんの息づかいと、赤ちゃんの息づかい、心臓の音などが同じリズムになって、眠りについていくのが、その典型です。早く寝かしつけて、残っている仕事を片づけなければとお母さんがあせっている時には、赤ちゃんはなかなか寝てくれないものです。これはお母さんの息づかいにあせりが反映してしまい、赤ちゃんもその息づかいにつられて、眠るどころではなくなるのです。

赤ちゃんにごはんを食べさせようと、お母さんが大きな口を開けて、大げさな表情で「モグモグ」とやるのは、赤ちゃんを同じ動作に引き込むための有効な手だてだと言えるわけです。

このように、私たちには人と互いに作用し合い、影響し合う性質が、生まれながらに備わっているのです。

喃語（なんご）は言葉獲得への最初の一歩

赤ちゃんが自分でお話ができるようになるまでに、発声の練習をしながら、まわりのおとなが発する言葉を繰り返し聞いて、自分の中に言葉を記憶し、ため込んでいく時期があります。

「アーアー、クークー」とクーイングをしていたころの赤ちゃんには、まわりのおとなたちが発する言葉が、ひとつながりの連続した音として聞こえていました。

おすわりをするようになって「ダーダー、バーバー」と喃語を発声しはじめた赤ちゃんには、まわりのおとなたちの会話が、ある音節で区切られたパターンとして聞こえるようになっています。だからこそ、話をしているおとなの口元を見つめて、時折、聞こえた音をそのまままねて、発声してみたりができるのです。

このころの赤ちゃんは、まだ言葉の意味までは理解していませんが、**相手の表情から、相手がどんな気持ちなのかを理解しようとします**。

おとなはできるだけ赤ちゃんと向かい合って、表情豊かに話しかけてあげましょう。そうすることで、赤ちゃんとのコミュニケーションも豊かになっていきます。絵本やぬいぐるみなどを話しかけに利用して、繰り返しの会話を楽しむのにもよい時期です。

手差しは要求の表現

おすわりをした赤ちゃんは、手差しをするようになります。手差しとは、５本の指を広げてなにかに向かって手を差しのべるしぐさですが、届かないところに欲しい物を見つけて、「とって」といった要求を表現していることが多いものです。

このころの赤ちゃんは自分では、まだ人さし指を立てた指さしはしません。でも、お母さんが遠くにある物を指さしながら話しかけると、赤ちゃんはちゃんとそのさし示した物を見ています。

指さしの意味を理解していて、指さした先になにもない場合には、不思議そうな顔をして「どれのこと？　なにもないよ」と、お母さんの顔を見返したりします。

相手の気持ちを推測できるようになっただけに、こうしたコミュニケーションは「ねんねのころ」に比べると、格段に豊かで深いものになってきています。お父さんやお母さんと一緒に「ちょうだい」「はい、どうぞ」といったやりとりを楽しんだり、相手の行動を予測して期待するといった心の育ちなど、ますます人との交流が大好きになっているのです。

「1＋1」がわかっている

こんな小さな赤ちゃんが、足し算をわかっているとお話ししても、信じられないかもしれません。

でもこのことは、東京大学総合文化研究科の開一夫教授グループの研究で明らかにされています。5〜6

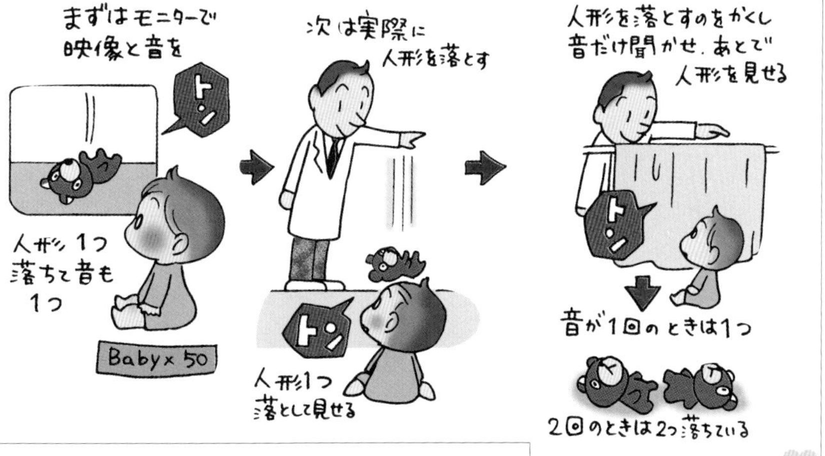
まずはモニターで
映像と音を
トン
人形1つ
落ちて音も
1つ
Baby×50
次は実際に
人形を落とす
トン
人形1つ
落として見せる
人形を落とすのをかくし
音だけ聞かせ、あとで
人形を見せる
トン
音が1回のときは1つ
2回のときは2つ落ちている

カ月の赤ちゃん50人に次のような実験を行いました。

まずモニターで人形が上から落ちてくる画像を赤ちゃんに見せます。１つ落ちたら、「トン」という音を１回出します。それを４回繰り返して赤ちゃんに見せておきます。

その後、モニターではなく実際に人形を使って、赤ちゃんに見せます。

まず１回目に人形を落として、「トン」という音を聞かせます。２回目は人形と落ちるところは幕で隠し、音だけ「トン」と聞かせます。幕をとり除くと人形は２つ。

もう一度、同じように繰り返しますが、１回目は人形が落ちて、音が同じように「トン」と１回、２回目に人形を落とす時には「トン」「トン」と音を２回聞かせます。幕をとり除くと人形は２つ。

この実験で、赤ちゃんはどんな反応をしたのでしょうか。**50人中85パーセントの赤ちゃんが、２回目の実験である、音が３回、人形が２つのほうに長い時間注目したのです。**つまり、赤ちゃんにしてみれば音が２回と人形が２つ、「１＋１＝２」ならいいけど、音が３回で人形が２つ、「２＋１＝２」というのはおかしい、というわけです。

赤ちゃんに算数を教えたわけでもないのに、こんなに小さいころから、数の概念がわかっているなんて、なんだかとても興味深い実験ですね。

たっちのころ

ハイハイで動きまわれるようになった赤ちゃん、
そろそろ、たっちをしたくなるころです。
自分に合った高さの台につかまり、
何度も練習しながら、立ち上がろうとします。
立ち上がってみれば、今度はいままでとは違う高さで、
いろいろな物が見え、横へ移動したくなるのです。
バランスをとりながら歩きはじめるのも、もうすぐです。

10▼12カ月

目標めざして移動する

【インテリですから】

いわゆる知的好奇心ってやつですか？
アレを見るとたまらないんです
キャー
本棚空っぽ

ハイハイがじょうずになった赤ちゃん。最近は、寝転がっているお父さんを乗り越えて、めざすぬいぐるみのところまで**一目散に移動**します。そこで少し遊ぶと、今度は３メートルほど離れたところにあるオモチャの電車めがけてハイハイで移動。そこでまたちょっと遊んで、また……と、とにかく**活発に動きまわります**。

ハイハイで移動する距離が長くなるということは、運動能力が育ったとも言えますが、むしろ赤ちゃんの**探求心がますます旺盛に**なっているあかしです。身近な物に興味を示していた赤ちゃんが、その範囲をだんだんと広げ、自分の目標めがけて移動して、自分の好奇心や探求心をどんどん実現していくのです。

このころの赤ちゃんは、箱の中に手を入れて「なにが入っているんだろう？」と確かめようとしたり、布などがかぶせてある物を「なにが隠れているの？」とのぞいてみたりと、**「なにかがあるはず」という予測をもって探求**します。

ある物をめざして移動。
自分の力で好奇心や探求心を実現

机をたたくとまねをする

【にぶいんだから】

テーブルをはさんで、向かい合ってすわった赤ちゃんとお母さん。お母さんは、なにげなく赤ちゃんと目を合わせて「トントントントン、たいこさん～」と歌いながら、リズミカルに机をたたいてみました。すると赤ちゃんも、同じようにリズミカルに机をたたきます。お母さんはなんだか赤ちゃんと心が通じ合ったような、ほのぼのとした気持ちになりました。

おすわりをするようになったころ、赤ちゃんが机をたたいているところをお母さんが見つけ、一緒にたたいて遊んだ記憶はありませんか。赤ちゃんは自分のやっていることをお母さんに**まねされて、一緒に同じ動作をすることの楽しさを覚えます**。一方的に「私のまねをしなさい」と言ったところで、なかなかまねしてくれるものではありません。

机をトントンとたたくようなリズムのある動作は、つい相手に引き込まれて同調し、「楽しいね」という**共感が得やすい**ものです。

まねをされた経験から自分もまねをして楽しめるようになる

お母さんが見ている物を見る

【語る視線】

赤ちゃんと向き合って手遊びをしている時のこと。お母さんは、ふと気になることがあり、テーブルの上を見ました。すると赤ちゃんもつられて、テーブルの上に視線を移しました。

お母さんと顔を合わせて楽しく遊んでいる赤ちゃんは、お母さんの**視線の移動に合わせて同じ方向を見る**ようになります。このころになると、「ほら、バナナがあるね」とテーブルの上を指さしながら赤ちゃんに話しかけると、ちゃんとお母さんの**指さした方向を見る**ようになっています。これは赤ちゃんが、語りかけている**相手の気持ちを推し量れる**ようになったからです。

ただし、このころはまだ赤ちゃんがお母さんに注目している時でなければだめなのです。別の遊びに気をとられている時に、いきなり話しかけても、言葉に反応してはくれません。いま赤ちゃんがなにをしているのかを確認し、こちらに注目してくれた時に話しかけるようにしましょう。

語りかけている相手の気持ちを推し量れる

鏡の中に映る人に笑いかける

【勝手に入るなんて！】

鏡に映った自分の姿を見て、ご機嫌な赤ちゃん。うしろからお父さんがそっとのぞき込むと、鏡に映るお父さんの顔に笑いかけてきました。お父さんもまんざらでもありません。2人で鏡の中に映るお互いの姿を見ながら、なにやらお話をしているようです。

このころの赤ちゃんは、**鏡の中に**映る自分の姿だけではなく、**自分以外の人が映っていることに気づく**ことができます。また、手鏡などで遊んでいる時に、**裏返し**てしまうと、急にいなくなってしまった自分を捜すかのように、鏡をもう一度**表に返して、自分の姿を確認**します。

鏡に対する赤ちゃんの反応は実におもしろく、1歳を過ぎて歩くようになると、全身が映る鏡を見ているうちに、ヨチヨチと鏡の裏側をのぞきにいくようになります。赤ちゃんには、鏡の中がいったいどうなっているのか不思議に思えるのでしょう。実にかわいらしい姿です。

鏡の中でも自分以外の人を認知できる

顔色をうかがっていたずらをする

【触ると怒るから】

背中に、なんとなく赤ちゃんの視線を感じたお母さん。「どうしたの？」とそばに近寄ってみると、赤ちゃんがお母さんの携帯電話をいじっています。このごろとても興味をもち、お母さんに「いじっちゃダメ！」と注意されていたのです。

このころの赤ちゃんは、お母さんの**気持ちが少しわかりかけています**。「これをいじるとお母さんは『ダメ』と言うんだ。でもいじりたい……また言うかな」と、お母さんの顔色をうかがいながら、いたずらをします。

私たちは、診察の時「はい、どうぞ」と赤ちゃんにオモチャを差し出し、赤ちゃんが手を出したら、「ダメ」と手を引っ込めてようすを見ます。赤ちゃんは「くれるの、くれないの、どっち？」と不思議そうな顔をします。何回か繰り返していると、「どうせくれないんでしょ」と、こちらの気持ちを読んで手を出さなくなります。人の**気持ちまで読んでしまう赤ちゃん**の育ち、本当におもしろいと感じています。

人の気持ちがだんだんと読めるように

名前を呼ぶと手を上げる

【何が決め手！】

お父さんとお母さんは、赤ちゃんに「○○ちゃん」と呼びかけて「ハーイ」と手を上げる遊びを、ことあるごとに繰り返しています。お父さんとお母さんも、お互いを呼び合っては手を上げて応えます。赤ちゃんはこの遊びが楽しそう。あと一息で、自分から手を上げてくれそうです。
「バイバイ」と手を振ったり、名前を呼ばれて「ハーイ」と手を上げることを、赤ちゃんは**おとなの動作をまねする**ことで覚えます。**言葉を使って働きかけ**たことに、赤ちゃんが**身ぶりで応える**というコミュニケーションのはじまりです。

最近、赤ちゃんとのコミュニケーション方法について書かれた「ベビー・サイン」という本をよく目にします。ベビー・サインは、別に最近発見されたことではありません。ただ、こうした本が話題になるのも、あまりにも赤ちゃんからのサインに気づかないおとなが増えてしまったということなのかもしれません。

言葉の働きかけに身ぶりで応える

小さな物を人さし指と親指でつまむ

【貴重な１本】

あら！すごーい
そんな細かいもの、つまめるようになったの？
でも食べちゃダメばっちいから！！
ニらっ

廊下をハイハイしている赤ちゃん。突然なにかに向かって突進しています。どうやら小さな糸くずを見つけ、「なにかあったぁ！」とばかりに飛んでいったようです。あっあー、さっそく口に入れています。このころの赤ちゃんは、まだまだ口センサーが強力に働いているのです。

赤ちゃんの**手の動かし方の発達**には、おおまかな順序があります。手でやっと物をつかめるようになったころは、**５本の指を曲げて、手のひら全体で**物を持ちます。それが発達とともに、**親指と他の指４本が向かい合う**ような形で物をつかむようになってきます。そしてさらに**親指と人さし指だけを向かい合わせ**て、物をつまむことができるようになるのです。

それにしても、小さくて細い糸くずを指先でつまみあげるなんて格段の進歩、手の微細な動きができるまでに発達した証拠です。「ダメ！」と言う前に、ついにここまで育ったかと、よろこんであげたいものです。

手の微細な動きができるまでに発達

積み木を持ったまま顔にかけられたハンカチをとる

【仕事の合間に接待も】

ママのケータイ
最近いろいろわかってきたわー
丸山花吉くーん
あー
ねー！赤ちゃんの成長ってすごいでしょー？

お母さんと向き合ってすわった赤ちゃんが、両手に持った積み木をリズミカルに打ち合わせて遊んでいます。お母さんが、少し前までよく遊んだハンカチの「イナイイナイバアー」を思い立ち、赤ちゃんの顔にふわりとかけてみました。すると赤ちゃんは、両手の積み木をしっかり持ったまま、人さし指と親指でハンカチをとり除き、ニッコリお母さんに笑いかけて、再び積み木遊びを続けます。

いままでなら、ハンカチをとり除くために、手に持った積み木を離さなければなりませんでした。それが今度は、積み木を握ったまま、人さし指と親指だけでハンカチをつまむという、**２つの作業が同時にできる**ようになったのです。

また、自分の遊びをしている時に、お母さんから別の遊びを仕かけられても、ちゃんとお母さんの**遊びに付き合って**から、また**自分の遊びに戻る**というように、**対応のしかたも巧み**になっているのです。

自分の遊びをしながら人にもお付き合い。２つの作業が同時にできるように

「どっち？」がわかる

【男の勝負】

赤ちゃんにフワフワのボールを見せて「どっち？」と言いながら、ボールを片方の手に握って隠します。赤ちゃんがボールを握ったほうの手を開こうとしたら、「アタリー！」と両手を開いてみせます。あてた赤ちゃんは、きっとニコニコ顔で得意そうな顔をすることでしょう。「すっごいなー」と大げさによろこんであげたくなりますね。

赤ちゃんが、どっちの手にボールを隠したのかあてられるのは、**記憶できる**ようになってきたからです。でも、このころの赤ちゃんの記憶は**「短期記憶」**。目の前で隠して、すぐに聞けばわかるのですが、握った物をいったん体のうしろ側に隠してから「どっち？」と聞くと、わからなくなります。

1歳を過ぎたころになると、**記憶している時間が少し長く**なり、体のうしろ側に隠してからでも、あてることができるようになるのです。

これは、赤ちゃんが大好きな遊びです。簡単で、繰り返し遊べるので、ぜひ一緒に楽しんでみてほしいですね。

「アタリ！」が大好き。「短期記憶」のはじまり

ドアを開ける

【物置発見】

気がつくと、いままでそこにいた赤ちゃんの姿が見えません。お母さんは少しあわてました。隣の部屋をのぞいてみると、なんと赤ちゃんが、お母さんのハンドバッグの中身を床にばらまいて遊んでいます。ドアを半開きにしていたことはいままでもあったけれど、ひとりでドアの向こう側へ遊びに行ったのははじめてのことです。

部屋から部屋へ移動する時には、いつも抱っこしてもらっていた赤ちゃん。遊んでいるうちに、自分からドアの向こう側へ行きたくなったのですね。それはドアの向こうには、この部屋とは別のなにかがあることを想像できるようになったからです。目に見える物に関心をもち、移動していた赤ちゃんが、**目に見えてない物を想像**したり、「なにかあるはず」と**予想して移動**しているのです。

このころ、お風呂場や危険な場所のドアの開閉にはおとなが十分に気をつけて。思わぬ**事故が起きやすい時期**なのです。

「ドアの向こうに、なにかある」と目に見えない物を想像できる

ゴミ箱をひっくり返す

【理由】

あっあー！　今日もまたやられてしまいました。ここのところ赤ちゃんがゴミ箱をよくひっくり返します。おまけに、ゴミを口へと運んでしまうので、うかうかしていられません。赤ちゃんの手が届かないところに片づけてしまったほうがいいかしら、と考えるお母さんです。

赤ちゃんの好奇心が強くなったぶん、困ったことがひんぱんに起こるのもこのころ。ゴミ箱は、ちょうどおすわりやハイハイをする赤ちゃんの視界に入りやすく、また、ちょっと手で払うだけで簡単に転がって、中の物が出てきてくれる。**赤ちゃんにとってなんとも魅力的なオモチャ**なのです。

ゴミ箱の代わりに、同じような入れ物に、不要になった布や、やぶいてもかまわない広告の紙など、危険のない物、口に入れても大丈夫な物を入れておいてあげましょう。赤ちゃんにとって、またとない楽しいオモチャになり、その**探求心を大いに満足**させてあげられます。

赤ちゃんにとっては好奇心を満たす魅力的なオモチャの一つ

段差のあるところを下りようとする

【緊急事態】

ハイハイの姿勢から膝立ちで手が届く高さだと、赤ちゃんはよじ登るようになります。座卓の上で遊んでいるのに気づいて、落ちたら大変と、あわてて抱き下ろしたことはありませんでしたか。

ある時期から、段差をよじ登った赤ちゃんは、自分で下りようと試みるようになります。下りる時には必ず**うしろ向き**になり、自分の**足が床につくかどうかを試して**、足がつけば下りられますが、つかない場合は泣き声をあげて助けをもとめることになります。このころの赤ちゃんはけっこう**慎重**です。自分で下りられそうな時には、ゆっくりと見守ってあげましょう。

こうした経験を積み重ねるうちに、赤ちゃんは自信をもち、だんだんと勇敢になっていきます。**１歳半ぐらい**になると、足が床につくかどうかを**試さなくても、下りる**ようになります。そのため、失敗をしてけがをする危険性も高まるので、むしろ、そのころには注意しなければなりません。

足が床につけば自分で下りられる。
つかない時には「タスケテー！」

話し手の口元を熱心に見る

【ママの口時計】

最近、赤ちゃんに話しかけると、赤ちゃんは前にも増してお母さんの口元をじっと見ることが多くなりました。抱っこをしておとな同士で会話をしている時にも、お母さんの口元を見つめている赤ちゃんの視線に、ふと気づくことがあります。

確かに赤ちゃんはある時期、話している人の口元を、それは熱心に見つめるようになります。なぜそうするのか、理由は明らかになっていません。でも、推測できることは、赤ちゃんが**口の形**と、そこから出てくる**音の関係について学んでいる**のではないか、ということです。

発声をはじめたばかりの赤ちゃんには、一つひとつの単語やその意味についてまでは理解できません。でも、口をどういう形にした時に、どういう音が出るのかということを、赤ちゃんなりに学習しているのではないかと考えられているのです。

赤ちゃんと向き合った時には、**ゆっくりと話しかけてあげたい**ですね。

口の形と、出てくる音の関係を学習中かも？

「いいお顔」と言うと顔をつくる

【いいおかお希望】

このところ、赤ちゃんが、１つ特技を身につけました。お母さんが赤ちゃんに「イイオカオ」と話しかけると、赤ちゃんは顔をクシャクシャにして、「イイオカオ」をつくります。今日は、おじいちゃんとおばあちゃんが遊びにきたので、さっそくご披露することにしました。

赤ちゃんは「チョチチョチ」、「ジョウズジョウズ」、「イイオカオ」などの**声をかけられるだけで**、その**しぐさができる**ようになったのです。きっと、これまでにも赤ちゃんが偶然に手をたたいた時にお母さんは「チョチチョチ」と声をかけたり、「イイオカオ」と言いながら、自分の顔の表情を変えてみたりする遊びをたくさん楽しんだのでしょう。

その経験から、赤ちゃんは言葉をかけられるだけで、**相手が意図している表現で応える**ことがきるようになったのです。

まさに、遊びのやりとりの中から赤ちゃんが「学習」したということです。

遊びのやりとりの中で言葉と表情がドッキング

ヘアブラシや口紅などをいたずらする

【予期せぬ損害】

静かに、なにかに没頭している赤ちゃん。お母さんは気になって赤ちゃんの名前を呼ぶと、振り向いた赤ちゃんの口のまわりは、口紅で赤く縁どられていた……というようなエピソードは、このころの赤ちゃんによく聞かれます。

赤ちゃんは、お父さんやお母さんの日常の動作をよく見ています。とくに**大人が使っている物**に強い**関心**をもち、熱心に**観察**をします。

朝、おとながヘアブラシで髪の毛をとかすようすを見たり、赤ちゃんも「きれいにしようね」などと声をかけられながら、髪の毛をとかしてもらったりする経験から、あの道具はなにをするための物か、どうやって使うのかを覚え、**自分でも再現**しようとするのです。

こうした行動は「いたずら」としてとらえられてしまいますが、発達面から見ると、「自分で道具を使ってみたい」と、**新たなことに挑戦**している姿なのです。

自分で道具を使ってみたい。新たなことに挑戦している姿

お母さんのあとを追う

【追っかけですから…】

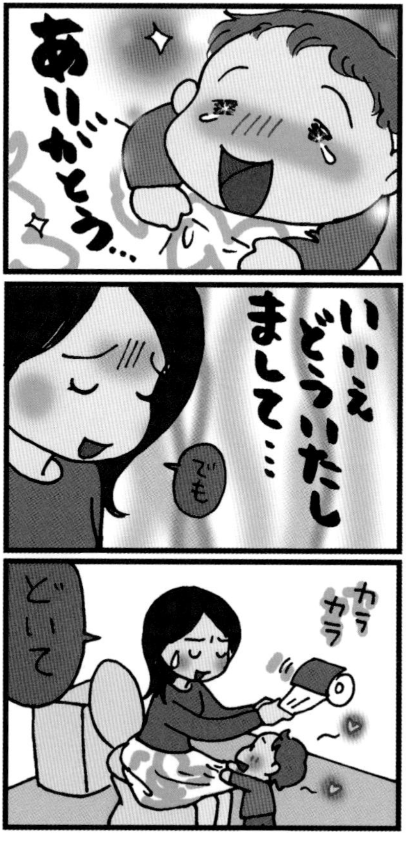
ありがとう…
いいえどういたしまして…
でも
カラカラ
どいて

お母さんがトイレに立つと、赤ちゃんがハイハイで追いかけてきます。「待っててね」とドアを閉めると、それはそれは大きな声で泣きだしました。最近、赤ちゃんからちょっと離れるだけでも、あわてて追いかけてきます。「私が大好きなのね。かわいい」と感じながらも、これじゃなんにもできないと、ため息が出ます。

いままでは泣かなかった赤ちゃんが泣くようになったのは、お母さんが**「自分のそばから離れる」ことに気づいた**からです。そして**「自分のところに帰ってくる」**ことまでは、まだ**理解できないので不安**になって泣くのです。

子どもから**離れる時に**は「待っていてね」、**戻ってきたら**「帰ってきたよ」と**声をかける**ようにすれば、「いなくなってもまた帰ってくる」ということがわかり、赤ちゃんも泣かずに待っていられるようになります。

泣かれないようにと**こっそり姿を隠す**ことは、赤ちゃんを**ますます不安**にするだけです。

「離れる」ことに気づいた赤ちゃん。
「帰ってくる」ことがわかるまで、もう少し

しかると べそをかく

【ダメなのは…】

このごろ、赤ちゃんはますます活発になり、いつもなにかを探し求めて動きまわっています。今日もふと見ると、またお母さんの携帯電話を……「ダメ！　メッでしょ」としかると、赤ちゃんはお母さんの顔を見て、しばし複雑な表情を浮かべたかと思うと、じわじわと泣き顔になってしまいました。

赤ちゃんがべそをかくのは、自分がこれをいじるとお母さんがどうするかわかっていて、だけど……やってしまった、という**心に葛藤をもつ**ようになったからです。

以前なら、しかった大きな声に驚いて泣きだしたり、「ダメ！」と言われれば、「ああダメなのね」とすぐにあきらめていた赤ちゃん。次には、これをしたら相手はどうするかと、顔色を見ながらやってみた時期。そしていよいよ「これをいじったらダメなんだよなー……だけど……いじりたい」という葛藤を起こすほど、**自分の気持ちが育ってきた**のです。

心に葛藤を起こすほど気持ちが育ってきた

外出の準備をしていると玄関に行く

【待っていたのに…】

服を着替え、バッグに必要なものを入れるなどして、出かける準備をしているお母さんを見ていた赤ちゃん。いそいそと玄関に向かってハイハイしていきました。そのまま玄関でおすわりをして、ニコニコ顔でお母さんを待っています。

このころの赤ちゃんは、「ねんねしようね」と声をかけると布団までハイハイで移動したり、「お風呂に入るよ」と言えばお風呂に向かってハイハイしたりと、まるでお母さんの言葉がわかっているかのように行動します。でも、まだ赤ちゃんは言葉が理解できているというわけではありません。お母さんの動きや、まわりの**雰囲気から、状況を察して行動**している時期なのです。

行動と同時に発せられるお母さんの**言葉を何回も繰り返し聞く**ことで、赤ちゃんは「お母さんがこんな行動をする時には、こんなふうに言う」というように、行動をシンボライズ（象徴化した）した**言葉をだんだんと覚えていく**のです。

雰囲気から状況を察知。行動をシンボライズした言葉を覚えていく

高い物につかまって立つ

【せばまる安全圏】

よつばいで移動しては膝立ちの姿勢で遊ぶことが多くなってきた赤ちゃん。ダイニングテーブルにのせたバナナが気になるらしく、テーブルのまわりをハイハイしてはイスにつかまり、膝立ちしていました。そのうち、もっとテーブルの上を見ようと足裏を床につけて立ち上がりました。

最初の立ち上がり、赤ちゃんは腕に満身の力を込めて体を支えています。**立つと**、まわりの**見え方**もずいぶんと**違い**、**探求心が**ますます**かきたてられます**。

立った姿勢をとると、**全身の筋肉が協調**し合って働きます。寝ていたころには、どうしても体に左右差が起こりがちでしたが、そうした歪みも立ち姿勢が自然に調整してくれるようになるのです。

立ったばかりは、体がまだまだ前屈み。ひとりで歩く姿勢を身につけるには、もう少し時間がかかります。あまり**急いで無理に歩かせようとするのはやめましょう**。

「もっと見たい」という欲求から つかまり立ちに

同じ方向につたい歩きをする

【左回りなんで…】

つかまり立ちができてからの赤ちゃんは、まもなくつたい歩きができるようになりました。でも、お母さんはいつも同じ方向にばかり進む赤ちゃんが、ちょっと気になっています。

つたい歩きをはじめた赤ちゃんは、**利き足と逆側の足先が少し外に開いているのが自然**です。右利きなら左足のつま先が開くので、左方向に進みやすいのです。同じ方向にばかり進んでも心配はいりません。

つたい歩きをはじめた赤ちゃんを見て、手をつないで歩かせてみたいと思うお母さんがいるかもしれません。立ち上がった赤ちゃんは、手を肩より上に上げて自分でバランスをとっていますね。ですから、「こっちにおいで」と前から引っ張るより、「一緒に歩こう」と**横から支えて**あげたほうが、赤ちゃんは、バランスをとりやすいのです。

いずれにしても、赤ちゃん自身が**バランスをとる練習を重ね、自信をもって歩きだす日まで、あせらずに**待ってあげましょう。

右利きなら左方向に
左利きなら右方向に

指さしをする

【その横ですって！】

いままで、５本の指を開いて手差しをしていた赤ちゃんは、だんだんと、人さし指１本で動く物や音のする物、知っている物などを指さすようになります。いわゆる「指さし」のはじまりです。

漠然とした物に対して手差しをしていたころに比べて、指さしは**さし示したい物が**赤ちゃんの中に「これ」と、**明確**になってきたことの表れです。赤ちゃんは「これ、あった」「これ、大好き」「これ、お母さんの物」「これ、おもしろい」など、指さしに**たくさんの意味を込めて使っています**。

そして「ねえお母さん、これ見つけたよ」などと、伝えたい気持ちがもっと強くなってくると、今度は声を出して、お母さんの**注意を引きながら指さし**をするようになってきます。

赤ちゃんが指さしをしながらお母さんに語りかけてきたら「あっ、○○があったね」、「あっ、○○おもしろいね」と**言葉で答えてあげたい**ですね。

さし示すものが明確に。伝えたい気持ちも強くなる

「ちょうだい」と言うとすぐに渡す

【どっちを選ぶ】

このごろ、お母さんが赤ちゃんに「ちょうだい」と言うと、赤ちゃんはすぐに渡してくれるようになりました。ちょっと前までは、手を出しながら何回も言わないとなかなか渡してくれませんでしたし、渡そうと手を出しても、そのまま手を引っ込めてしまう時もありました。

いままでは、言葉ではなく、手を出しているお母さんの行動や雰囲気から察して、お母さんに物を渡していたのですが、とうとう**「ちょうだい」という言葉を理解**したのですね。また、手から**物を素早く離せる**ようになったことも、すぐに渡せるようになった理由です。でも、赤ちゃんには**赤ちゃんの気持ち**があります。「お母さんはちょうだいと言うけど、これは私がいま見つけて、とても気に入っているんだ。あげたくないなー」と思って渡さないことだってあるのです。

赤ちゃんが最初に言葉を覚えるのは「おいで」「ちょうだい」「ねんね」が多いようです。

言葉を理解し、さらに、手から物を素早く離せるように

つかまり立ちからすわる

【沈黙にわけあり】

ダイニングのイスにつかまって立っていた赤ちゃんが、お尻からドスンとおすわりをします。ここ2、3日ですわり方がちょっと変わってきました。**膝を少しずつ曲げてお尻をつく**ようになってきたのです。ハイハイとおすわりを繰り返し、楽しそうに動きまわっています。

いろいろな動きができるようになった赤ちゃんは、いろいろな高さから物を見ることができます。その**変化を楽しんでいる**のに違いありません。

昔はどこの家庭にも、ちゃぶ台やこたつがあり、この時期の赤ちゃんがつかまり立ちやおすわりなどをするのに格好の台になっていました。現代のライフスタイルでは、赤ちゃんがつかまるのにちょうどいい台はあまりないかもしれませんね。でも赤ちゃんの冒険心はきっとなにかを探し出してトライしていることでしょう。転んでもけがをしないようにおとなが工夫して、**赤ちゃんが十分に動けるように**したいですね。

膝を少しずつ曲げてすわれるように。高さによる見え方の変化を楽しめる

つかまり立ちから手を離す

【とっくにできてます】

赤ちゃんが、支えなしに自力で立つ瞬間は、ある日突然にやってきます。

つかまり立ちをしたり、すわったりという動作の繰り返しも、ひとりで立つ時に必要な**バランス感覚を養っている**のです。

また、つかまり立ちができるようになった赤ちゃんは、つかまっていた台などに体を寄りかからせたまま、両手は台から離して、オモチャで遊ぶことも多くなります。

実際には、**立てる力が備わっていても**、赤ちゃん自身が支えなしで立ってみようという**勇気をもてるまで**、自分で**試行錯誤を繰り返す**のです。そしてある日、赤ちゃんは自分で立ちます。さぞうれしいに違いありません。「うわーっ、たっちができたね」とエールをおくってあげたいですね。

こうした赤ちゃんのけなげな姿は、おとなが意図的に立たせよう、歩かせようとした場合には、見ることができません。赤ちゃんが自分のペースで試み、自信をもてるようになるまで時間をかけたからこそ、見られる姿なのです。

自分のペースでつかんだ自信が支えに

リズムに合わせて動く

【ジャンルをこえて】

お父さんとお母さんの好きなＣＤを聴くことにしました。曲が流れると、座卓に置いた積み木で遊んでいた赤ちゃんの腰が、クイックイッとリズムに合わせて動きだしました。それを見たお父さんの腰も思わずつられてクイックイッと動いています。お母さんは大爆笑です。

リズムというのは不思議な魅力をもっています。音楽を聴く人は無意識のうちに体を動かしたり、拍子をとったりしますが、赤ちゃんも自然と、そうしたしぐさをするようになります。

リズムに快さを感じるのは聞こえた**音が**、前庭覚、固有覚という**感覚器官を刺激**するからです。赤ちゃんも快い**リズムに合わせて体を動かせる**ようになったわけです。

リズムには自然に人を引き込む力があり、一緒に聞いている人、見ている人の共感を呼び起こします。

生活の中にリズムをとり入れて、赤ちゃんと一緒に楽しめるといいですね。

感覚器官を刺激して快に。思わず体が動いてしまうリズムの魅力

ふたを開けたり閉めたりする

【熱闘キッチン】

「バタン、バタン」と音がするほうを見ると、赤ちゃんが流しの下の扉を開けたり閉めたりしています。そのうちしまっておいた瓶を見つけ、ふたをクルクルとひねって開けたり閉めたりしはじめました。「包丁がしまってある」、お母さんはあわてて包丁を別の場所へ移すことにしました。

このころになると、赤ちゃんの動きはますます巧みになってきます。オモチャの電車を持って**手首、肘、肩などをバランスよく使って**押したり引いたり、瓶のふたを手首をひねって開けたり閉めたり。

そうした動作ができるようになっただけに、物への興味も強くなっています。おとなにとっては**生活のための道具**でも、赤ちゃんにとっては遊んでみたい**魅力的なオモチャ**ばかり。危険な物もあるので、注意は必要ですが、興味をもった道具でも遊ばせてあげたいですね。赤ちゃんにとって、自分で見つけた道具で遊ぶことは、オモチャでは体験できない魅力がいっぱいなのです。

ますます巧みになる赤ちゃんの手の動き。生活用品に興味しんしん！

スプーンを持たせると口に運ぶ

【はい…あーん】

家族でテーブルを囲んで食事をする時、赤ちゃんはスプーンや箸を使って食事をするおとなたちをしっかりと見ています。まだまだ食事の時には、手づかみしたり、スプーンで器の中をかき混ぜてこぼしたりもしますが、**おとながスプーンを口へ運ぶのを見て**、動作を**まね**しようとする姿が見えはじめます。

こうした動作をまねするという経験を重ねるうちに、スプーンは食べるための道具で、どう使えばいいか、道具の使い方もわかってきます。**食べ物を**こぼさずに**口の中に入れられる**までには、まだ時間がかかりますが、その日のために**練習を開始**したと言えるでしょう。

このころの赤ちゃんは、１つのコップからもう１つのコップへと、入っている水を移す遊びが大好きです。コップの中の水は、どんなふうにもう１つのコップに流れていくのか楽しんでいるのでしょう。こうした**遊びから**水の性質を知り、また、コップの水は飲むためにあるということも、**学んでいく**のです。

おとなのまねからはじまる食事のしかた

声を出しながら指をさす

【危険な街角】

オモチャ箱をはさんで赤ちゃんと向かい合ったお母さん。箱の中からオモチャをとり出すと、赤ちゃんはそれを指さします。お母さんはそのたびに「あっ、ブーブーね」などと答えていました。すると赤ちゃんは指さしながら「アッ」、「アッ」と声を出しています。

赤ちゃんは、指さしと一緒に「アーアーッ」などと声を出すようになります。お母さんと**同じように**「ブーブー」と**言っているつもり**かもしれません。

また、声だけではなく、お母さんの体をポンポンとたたくなど、お母さんの**注意を引いてから指さし**をすることもあります。これは、「ねえお母さん。あれがあるよ」というような、**二語文の構造**をもった指さしと言えます。まだ、お話はできないけれど、赤ちゃんの**伝えたい内容は**、もうすでに単語を並べるだけでは足りないほど**豊かに**なってきているのですね。こうなれば、お話がはじまるのも、もうすぐです。

二語文の構造をもった指さしのはじまり

ひとりで歩く

【孤独に記録更新】

ひとり歩きのはじまり、それは親にとって楽しみな瞬間ですね。赤ちゃんは歩ける力をもってからでも、自分で歩きだすまでにはけっこう時間がかかるものです。あせらずに見守っていれば、１歩ずつこわごわと歩きはじめるというよりも、ある日、自信をもってタッタッタッターと歩きはじめることが多いのです。

歩きはじめのころは、**両足を広げてバランスを保とう**としていますが、だんだん慣れてくると両足がそろってきます。

また、**最初からまっすぐに歩ける赤ちゃんはいません**。「つたい歩き」でもお話ししましたが、赤ちゃんの歩き方は、利き足とは反対側のつま先が外側に開いて、歩く方向も**足が開いた側に曲がっていく**もの。

赤ちゃんが外股になっていると心配するお母さんが多いのですが、３歳ごろになればつま先はまっすぐ前向きになってきます。心配はいりません。

歩きはじめは まっすぐに進まなくてもあたりまえ

言葉を使って伝えようとする

【メモリ不足です】

赤ちゃんの指さしと「アーアー」などの、発声による語りかけが増えてくると、お母さんは意識しなくても、自然と**言葉を使って対応することが増えてくる**ものです。

このころの赤ちゃんの耳には「マンマ」「ブーブー」「ワンワン」などの言葉を聞く機会が、以前よりずっと増えているはずです。赤ちゃんはまず自分の中にそうした単語をとり込み、「アーアー」と言いながらも、「ワンワン」と**言っているつもりの時期**を経ます。そしてある日、「ワンワン」と、お母さんにもはっきりと**伝わる言葉になっていく**のです。

こうした言葉のやりとりがはじまったら、もう一つ答えに工夫を加えるのも楽しいものです。「ワンワン」と話しかけた赤ちゃんに、「うん、ワンワンだね」という答えだけではなく「かわいいワンワンだね」とか、「白いワンワンだ」などと、いろいろな**形容詞をつけて**みるのも、バリエーションが増えて、**会話が豊かに**なっていきます。

おとなの話しかけから単語をどんどんとり込んでいる

3 このころの赤ちゃん

見た物を記憶する

生まれたばかりの赤ちゃんにとって、目の前に見えている物は「ある」けれど、視野から消えてしまうと「ない」ことになります。

見えない物でも「ある」ということがわかるには、記憶することができなければなりません。

このころの赤ちゃんが好きな遊びに、おとなが手に持った物を赤ちゃんの目の前で握って隠し「どっち？」と聞いて、赤ちゃんにあてさせる遊びがあります。この遊びが楽しめるのは、赤ちゃんが記憶できるようになったからこそです。

この時期の赤ちゃんの記憶は**「短期記憶」**といわれるもの。握って隠してから「どっち？」と聞くまでに、途中で複雑な動きをしたり、いったん手を隠してしまうと、赤ちゃんはわからなくなってしまいます。

いずれにしても、記憶ができるようになったということは、これから赤ちゃんの中に情報がどんどん蓄積されていくということ。やがて見えない物をイメージしたり、以前の記憶を思い起こしながら、物を探したりができるようになります。

さらに、お母さんの読んでくれる

物語の中に、一度も見たことがない動物や生き物が登場しても、自分の頭の中に思い描くことだってできるようになるのです。

「記憶する能力」は、生まれながらに備わっているもの。記憶できるようになったあとは、赤ちゃんが自分から興味をもったことや、好きなことを存分に経験することで、記憶の中身を豊かなものにしていくのです。

指さしと言葉の関係

手差しに比べて指さしは、さし示す対象がはっきりしています。赤ちゃんの中で「これ」「あれ」が明確に区別できるようになってきたということです。

また、このころの赤ちゃんは、おとなと同じように言葉を発することはできなくても、「アーアー」と発声しながら「ワンワン」と言っているつもりで、言葉と同じ意味を含ませて使っています。

「アーア」「バーバー」「ダーダー」というように、複数の音節が出るよ

うになった赤ちゃんは、まわりから聞かされた言葉をついにはまねて、意味のある言葉が発声できるようになっていきます。

　はじめての言葉が出ると、その後の**4カ月ほどで10個ぐらいの単語**が言えるようになり、その言葉の使い方もわかってきます。

　そのあとは、爆発的に言葉を獲得していきます。**2歳半から3歳ごろ**になると、「おばあちゃんちに、行った」「おばあちゃんちに、行く」というように、**過去と現在の使い分け**もはじまります。また「私」と「私たち」という**単数と複数の使い分け**もできるようになってきます。そして**6歳になれば、1万3千もの言葉**を獲得するといわれています。

歩きはじめとコミュニケーション

「歩く」という動作は、生まれてから約**1年間をかけて獲得していく人間の動作の集大成**だと言えます。

　生まれてすぐには「自動歩行」という反射でした。その後、脳の成熟とともに反射ではなく、自分の意思で動かせるようになります。そして、**運動機能は首→肩→手、首→腰→足、という経過で発達**を続け、ようやく歩行をはじめるのです。

とは言え歩くことは、**バランス感覚と運動機能に加えて**、なによりも赤ちゃん自身が**強い自信**をもっているかにかかっています。赤ちゃん自らが「歩ける」という気持ちをもつことが、最初の一歩につながるのです。

赤ちゃんのヨチヨチ歩行は、少しずつ巧みさを増し、**3歳ごろにはおとなと同じような複雑な筋肉の動かし方で歩ける**ようになります。

歩きはじめた赤ちゃんには、ますます言葉が必要になります。歩くことでお母さんやお父さんとの距離ができるので、自分の気持ちを伝えるために言葉を使わなければならない

からです。
　私たちおとなでも、すぐそばにいる人とは、目と目で意思を通じ合わせてしまうことがありますが、少し離れている人には「ねぇ、ちょっと」と言葉をかけてコミュニケーションをはかりますね。
　歩けるようになった赤ちゃんも、離れたところにいるお母さんに「ママー、見て」と、言葉を使わなければならない場面が増えてくるというわけです。

「臨界期」とは

「臨界期」という言葉を聞いたことがありますか。
「臨界期」とは、**生物がもって生まれた機能には使うべき時期があって、その時期までに使わないでいると、機能は獲得できずに失われてしまう**ということです。
　実験で、生まれたばかりのネコの瞼（まぶた）を縫い合わせておくと、数週間後に目を開けても、脳が視覚を感じることができず、物を見ることはできないという結果が出ています。ネコが「見る」という機能を獲得する時期、つまり臨界期に目を閉じられてしまったために、視覚機能を獲得できなかったのです。
「臨界期」は、このほかにもネズミや犬など、いくつかの動物実験で明らかにされています。でも、人間の場合には実験するわけにはいきません。それに発達のようすもきわめて複雑で、どの機能はいつが臨界期であるなどと、そう簡単に言うわけにもいかないのです。
　また「臨界期」という表現は、とても短いある時期を特定してしまうおそれがあり、「これを逃したら、二度と再びチャンスはない」というようなニュアンスを与えてしまいます。そこで最近の研究では、発達というものはもっと境界があいまいなものであり、柔軟なものであることから、**「敏感期」**と言い替えられるようになってきています。

確かに、赤ちゃんにはある刺激に対して、とても敏感な時期があります。たとえば、**両眼で物を見る機能の「敏感期」は生後３年**といわれています。斜視の赤ちゃんも、それまでに手術をすれば両眼でしっかりと物を見られるようになるのです。

また、食べ物をかむ**咀嚼(そしゃく)運動にしても「敏感期」**があり、**離乳期**に少しずつ固形物を与えていくことで獲得していく運動です。

でも、ある刺激に敏感な時期に、その刺激をどんどん与えなければいけない、などと考えないでください。いまだ「臨界期」を根拠にして、早期教育を勧める人たちがいます。でも、先ほどもお話ししたように、人間の場合、どの機能の臨界期がいつなのかということまでは、明らかになっていないのです。

発達には「この時期を逃したら二度とチャンスはない」などということはありません。

環境さえ普通に整っていれば、赤ちゃんは自分から、ふさわしい時期に刺激を受けとっていきます。

赤ちゃんに「早期教育」は必要？

生まれてから歩きだしまでの赤ちゃんのしぐさを見ていても、赤ちゃん自身の中にたくさんの「育つ芽」があることがわかります。赤ちゃんが生まれてからはじめて出合う世界は、興味をそそるものにあふれています。赤ちゃんは自分の五感をめいっぱい働かせて、毎日を忙しく過ごしているのです。

「早期教育」の必要性を訴え、そうしたプログラムを熱心に推進する人もいます。赤ちゃんに早期教育は必要なのでしょうか。
「早期教育」には、「天才を育てる」とか「バイリンガルに育てる」などと、必ず目的が銘打ってあります。そこには、「こういう子にしたい」「こういう専門性のある人にしたい」という子どもに対する、おとなの欲望が見えてきます。おとなの欲望は、ややもすると目の前の赤ちゃんの気持ちを見えなくしてしまいがちです。

赤ちゃんは自ら学習しています。その赤ちゃんの**育ちを理解**することを、まず何よりも優先すべきだと私たちは考えています。

そして、赤ちゃんの**育ちや、学習している姿を見守り、赤ちゃんから要求された時には、ちゃんと応えてあげる**ことが、なによりもおとながやるべき大切な教育なのだと思っています。

お・わ・り・に

最初は「おもしろい本にしたい」と意気込みました。「けっこう、おもしろいかも」と楽しい経過もありました。でもだんだん「むずかしいよね」というのが、この本をつくる間に交わされた私たちの会話でした。

赤ちゃんのしぐさを、おおよその月齢を追ってまとめるのは、薫が担当しました。そして、一つひとつのしぐさについて話し合いました。しぐさの意味や解釈に間違いがないようにと考えるあまり、意見の相違も数多く、お互いに腹を立てたり、折り合ったりしながら稿を進めてきました。

この本は「ベビー・サイン」を意識してつくったのですか、と問われれば、「そうです」と答えるべきかもしれません。なぜなら、親子のコミュニケーションの必要性が叫ばれる今日、子どもとの間でサインをつくり、それを利用してコミュニケーションを……という考えを全面的に否定するわけではありません。ただ、「それを使うことで知能が伸びる」と言われると、困ったなーと思うのです。

本書で力点を置いたのは、赤ちゃんのしぐさは、あくまで赤ちゃんから発するのであり、おとなが教えることではないということです。それが納得できれば、赤ちゃんを理解でき、コミュニケーションもとりやすいはずだと考えたからです。

赤ちゃんは自ら行動することで、周囲との交渉を行っています。でもそれは、時にひとりよがりであったり、勝手で意味のないことであったりします。そうしたことに振りまわされて、「赤ちゃんがわからない」と悩まれる人がおられるのなら、その人たちのちょっとした指南書となればと思いました。でもはずれも多いかもしれません。その時は、専門家でも間違うことがあるんだと思って笑ってください。

われわれ夫婦は京都大学医学部小児科の小児神経グループ

おわりに

に所属し、子どもの発達と向き合ってきました。このグループは静岡こども病院３代目院長の北條博厚先生がつくられたもので、発達心理の先生方もたくさんおられました。京都大学教育学部の田中昌人先生方が中心となり、私たちは発達心理学の手ほどきを受けました。後には橋本加津代先生や鈴木順子先生らの諸先輩からの指導も受け、子どもを観察することの重要さを学びました。

　発達障害の子どもたちをめぐって、教育と医療との連携の必要性がやっと叫ばれるようになってきましたが、われわれの小児神経グループは、すでに半世紀近く前から教育と医療の連携をとっていたのです。そうしたグループに育てられたことはわれわれ夫婦の誇りです。この本はそうした諸先輩の教えに対する二人からの報告でもあります。また、私たちと同じ道を歩んでくれる息子への感謝と応援のメッセージでもあります。

最後に、私たちの「赤ちゃん観」を理解して形にしていただいた三枝節子さん、私たちの意図を汲んでいただき、楽しい漫画を考えてくださった齊藤恵さんにお礼を申し上げます。

本書は、2005年に刊行されたものを、このたび赤ちゃんとママ社から新版としてお出しいただくことになりました。これからまだまだ読み継いでいただけるようになったこと、2019年に他界致しました行郎も、きっと喜んでいることと思います。感謝申し上げます。

多くの方のお手元に届き、赤ちゃんを理解しコミュニケーションをとるヒントにしていただければ幸甚です。

小西　薫

小西 行郎（こにし　ゆくお）
1947 年香川県生まれ。京都大学医学部卒業、同大学付属病院未熟児センター助手、福井医科大学小児科勤務の後、オランダ、フローニンゲン大学で発達行動学を学ぶ。埼玉医科大学小児科教授、東京女子医科大学教授を経て、2008 年から同志社大学赤ちゃん学研究センター長／教授。2001 年日本赤ちゃん学会を創設、2005 年より理事長。2019 年 9 月逝去。
著書に『赤ちゃんと脳科学』（集英社新書）、『はじまりは赤ちゃんから「ちょい待ち育児」のススメ』、『子どもはこう育つ！おなかの中から 6 歳まで』（以上、赤ちゃんとママ社）ほか多数。

小西　薫（こにし　かおる）
1948 年京都市生まれ。大阪医科大学卒業。京都大学医学部小児科医局入局。福井県立病院小児科、福井総合病院小児科勤務。福井医科大学小児科臨床教授、さいたま市立総合療育センター所長を経て、2010 年すくすくクリニックこにし開設。保育園・幼稚園園医、小学校校医などを兼任しながら子どもの健康、発達を支援し続けている。
著書に『赤ちゃん学で理解する乳児の発達と保育 2 運動・遊び・音楽（共著）』（中央法規出版）、『子どもはこう育つ！おなかの中から 6 歳まで』（赤ちゃんとママ社）ほか多数。

齊藤　恵（さいとう　めぐみ）
イラストレーター・マンガ家。『ストップ！ SNS トラブル』（汐文社）、『マンガでよくわかるモンテッソーリ教育×ハーバード式 子どもの才能の伸ばし方』（かんき出版）『子どもはこう育つ！お腹の中から 6 歳まで』（赤ちゃんとママ社）など、主に子育てや教育、医療関係の本の「マンガとイラスト」を担当している。

構成・文　三枝 節子
マンガ・イラスト　齊藤　恵

動きでよみとく　赤ちゃんのしぐさ BOOK
2023 年 2 月 13 日　第 1 刷発行
著　者　小西 行郎　小西　薫
発行人　小山 朝史
発行所　株式会社 赤ちゃんとママ社
〒 160-0003　東京都新宿区四谷本塩町 14 番 1 号
電話　03-5367-6595（編集）　03-5367-6592（販売）
振替　00160 − 8-43882　URL　www.akamama.co.jp
印刷・製本　シナノ書籍印刷 株式会社

この本は、海竜社発行「赤ちゃんのしぐさ BOOK」を新たに編集したものです。

ISBN978-4-87014-161-2　C2077